好素质是这样养成的

徐先玲 编著

中国商业出版社

图书在版编目（CIP）数据

好素质是这样养成的 / 徐先玲编著 .—北京：中国商业出版社，2017.11

ISBN 978-7-5208-0063-1

Ⅰ.①好… Ⅱ.①徐… Ⅲ.①素质教育－青少年读物 Ⅳ.① G40-012

中国版本图书馆 CIP 数据核字 (2017) 第 231690 号

责任编辑：常　松

中国商业出版社出版发行

010-63180647　　www.c-cbook.com

（100053　北京广安门内报国寺 1 号）

新华书店经销

三河市同力彩印有限公司印刷

*

710×1000 毫米　16 开　12 印张　195 千字

2018 年 1 月第 1 版　2018 年 1 月第 1 次印刷

定价：35.00 元

* * * *

（如有印装质量问题可更换）

第一章　充实孩子的知识 ············ 1
   1. 知识就是力量 ············ 2
   2. 有效的知识结构才能使人成才 ············ 3
   3. 建立知识结构的规则 ············ 6
   4. 好学：掌握知识的源泉 ············ 7
   5. 调动孩子学习的积极性 ············ 13
   6. 在生活实践中进行学习 ············ 15
   7. 从交往中获取更多、更新的知识 ············ 17

第二章　开发孩子的智力 ············ 19
   1. 智力：能力的内核 ············ 20
   2. 培养孩子敏锐的观察力 ············ 21
   3. 培养孩子良好的记忆力 ············ 29
   4. 培养孩子的注意力 ············ 32
   5. 培养孩子丰富的想象力 ············ 35
   6. 培养孩子敏捷的思维力 ············ 38

第三章　发挥自己的能力 ············ 41
   1. 形成、发展良好的人际交往 ············ 42
   2. 学会适应紧张的生活节奏 ············ 63
   3. 让孩子学会自己选择 ············ 67
   4. 增强善于抓住时机的能力 ············ 74
   5. 开发自我管理能力 ············ 83
   6. 善于处理生活中的各种矛盾 ············ 89
   7. 始终致力于个人发展 ············ 94
   8. 有意识地培养自己的组织领导能力 ············ 98

第四章　提升孩子的品德 ············ 109
   1. 品德：做人的起点 ············ 110

  2. 培养孩子富有爱心 …………………………………… 114
  3. 宽容：做人的首选风范 ……………………………… 119
  4. "感恩"是一种善于发现美并欣赏美的道德情操 …… 120
  5. 经营感恩的心 ………………………………………… 122
  6. 学会感恩，更要学会给予 …………………………… 123
  7. 及时、真诚地承认自己的错误 ……………………… 124
  8. 得体地道歉所要注意的要点 ………………………… 125
  9. 真诚地道歉必须掌握的要领 ………………………… 126
  10. 养成乐于助人的习惯会使你更受欢迎 …………… 129

第五章　优化孩子的心理 ……………………………… 131

  1. 教孩子树立远大理想 ………………………………… 132
  2. 自我心象：成败的司令部 …………………………… 134
  3. 成为"主动发愤的人" ……………………………… 138
  4. 心理承受力：健康成长的心灵屏障 ………………… 144
  5. 培养孩子的独立性 …………………………………… 146
  6. 培养孩子受挫后的恢复力 …………………………… 148
  7. 对孩子进行勇敢教育 ………………………………… 150

第六章　培养孩子的素养 ………………………………… 157

  1. 人力胜天力，只在每事问 …………………………… 158
  2. 启迪孩子好奇心的发展 ……………………………… 164
  3. 兴趣：诱发潜能的原动力 …………………………… 166
  4. 培养孩子的兴趣 ……………………………………… 170
  5. 激发孩子学习的兴趣 ………………………………… 178
  6. 培养孩子探索的综合能力 …………………………… 181
  7. 专注：成功的基石 …………………………………… 183
  8. 勤奋是永恒的学习秘诀 ……………………………… 187

第一章
充实孩子的知识

好素质是这样养成的

1. 知识就是力量

培根说过:"知识就是力量。"那么,这种"力量"到底有些什么功能呢?

一、知识是健康生活的前提

从生存来看,现代饮食要注意营养结构,衣着要潇洒漂亮,住房要高雅舒适,行动要快速安全,这些都离不开知识。据统计,埃塞俄比亚、也门等国有文化的成年人占总人口的比例不超过10%,其国民的平均寿命仅40岁左右;而发达国家如瑞典、日本等,有文化的成年人占90%以上,其国民的平均寿命高于70岁。这是因为文化程度较高的人,比较容易接受卫生教育,能自觉锻炼身体,讲究合理饮食,自觉纠正不良行为和习惯;而在文化水平低的人群中,吸烟、酗酒、不良饮食、滥用药物等不良行为则较为普遍。

从享受来看,享受是要获得更大的愉快,不是单纯追求物质生活的满足,更不是毫无节制地吃喝玩乐。追求健康的享受要以知识为前提,而且获得知识本身就是一种享受。正如法国作家左拉所说:"愚昧从来没有给人带来幸福;幸福的根源在于知识。""一个人要想在多方面享受,他就必须有享受的能力,因此,他必须是个高度文明的人。"

再从发展自己的才能,发展自己的个性来看,依然必须以知识为前提。人的知识愈广,其自身也愈臻完善。古罗马哲学家卢克莱修说:"心灵中的黑暗必须用知识来驱除。"意大利哲学家布鲁诺说:"知识是使人变得勇敢的最好途径。"

二、知识是构成才能的基本要素

才能的大小取决于掌握知识的多寡、深浅和完善程度,因为某些知识是构成才能的元素或细胞。但是,才能并不是知识的简单堆积,而是知识的结晶。这里的"结晶",包含着对知识的提炼、改造和制作,包含着质的变化。做到这一步的办法就是要有合理的思维方法和熟练的技能技巧。总的来说,才能就是能在某方面有丰富的知识，并掌握合理的思维方法对这些知识进行有效加工，并作创造性的运用，又具有实现这种创造的技能技巧。掌握的知识越丰富、越精深、越完善，加工和运用知识的思维方法越正确、越先进，实现创造的技能技巧越熟练、越精湛，那么，才能也就越优异、越高超卓绝。凡有才能者必然具有两个特点：一是善于积累知识，二是善于加工和运用知识。

三、知识是智力发展的基础

达·芬奇说过："无论掌握哪种知识，对智力都是有用的，它会把无用的东西抛开而把好的东西留住。"

> **知识链接**
>
> **培　根**
>
> 弗朗西斯·培根（1561—1626），第一代圣阿尔本子爵，贵族子弟，英国文艺复兴时期散文家、哲学家。在自然科学领域里，也取得了重大成就。英国唯物主义哲学家，实验科学的创始人，是近代归纳法的创始人，又是给科学研究程序进行逻辑组织化的先驱。主要著作有《新工具》《论科学的增进》以及《学术的伟大复兴》等。在政治上，他是一位现实主义者。

2. 有效的知识结构才能使人成才

有的人在做出第一项发明创造时，知识量并不大，却显示出巨大的创造力；有的人积累的知识量很大，却一辈子也做不出像样的发明创造来。这是什么道理呢？一个重要原因就是知识结构在起作用。每个智力正常的人，都曾或多或少地有过或大或小的创造性设想，为什么有的人能流畅地思考下去，顺利地将设想变成现实，而有的人却无法思考下去，不能把设想变为现实呢？主要原因仍然在于

好素质是这样养成的

是否掌握了有效的知识结构。

那么，什么是知识结构呢？它的作用是什么呢？什么样的知识结构才是合理的呢？

这里谈及的知识结构是一个人整体的知识结构。一个人要成才，必须学习知识，但若只有某一方面的知识，或虽有多方面的知识，可组织不协调或者残缺不全，则都不利于成才。这就要求个人应根据奋斗目标，去学习所需知识，并掌握到一定的程度，以及把它们和谐地组成有机体，最终建立起合理的知识结构。只有将各类知识组织好、安排好、协调好，才能有效地促进智力结构的发展，加速能力结构的形成，卓有成效地开发创造性潜能，使知识在成功之路上发挥最大作用。

目的在于运用，运用的最高层次是创造。因此，知识的最高目的、终极目的是为了创造。所谓运用知识，并不是对已有知识去做些简单的机械性编凑，而是将已有知识在更高的层次上进行重新组合，即新知识是基本知识单元重新组合的结果。这便要求掌握的知识必须是有规律的，而且这些规律性的知识还应有必然的联系，否则将无法重新组合。对于创造，可以理解为解决新问题。人在解决新问题时，首先是做相似联想，即在自己的知识结构中去搜索与所要解决的问题具有相似之处的经验，然后再去解决问题。如果这样还解决不了，那便要针对问题的症结，做一番分析、综合、演绎、归纳，在此过程中，就要用到一组组思维组合件，即寻找自己知识结构中的"相似块"，去对照、推理，使问题最终得到解决。可见，知识的作用，主要不是知识量的作用，而是知识的有效结构的作用。知识量再大，倘若没有形成有效的知识结构，那顶多只能解决一些记忆性的问题，而无法灵活运用知识去做复杂的推理，解决具有创造性的问题。因此，在获取知识上不单要注重知识量的积累，更需在建立有效的知识结构上投入精力。

在众多的有杰出成就者中，虽然他们的社会见解、兴趣爱好、性格品质等差别很大，但却有个共同点，即都具有丰富的知识和合理的知识结构，这是他们进行创新和成就事业的前提和基础。

现今的社会对人才的要求是"通才"。1311位科技工作者做了5年的跟踪调查，结果发现，卓有成就者很少是仅通一门的专才，在他们身上明显地呈现出"通才取胜"的普遍现象。事实上，即使在诺贝尔奖获得者中，也多是既有很深的专业知识，又同时具备极为广博的相关乃至不相关知识的通才。现代社会强调培养人的适应社会环境的能力，提倡百科全书式的教育。教育界也相应提出了"没有综合化，就不会产生伟大的文化和伟大的人物"这一全新的教育理念，并竭力呼吁，如不进行"通才教育"，将会造成"使无知激增"的恶果。今天的各类知识日益相互影响、相互渗透，日益紧密地联系在一起，是否能建立起合理的知识结构已成为决定个体发展状况的关键因素。

根据知识的形成过程和人才的成长规律，在此介绍几个不同类型的知识结构。

一、三角结构

前苏联著名学者郎道提出的三角结构，第一种情况为正三角形，代表基础知识宽厚（底边长）、头脑敏锐（顶角尖）的人，能做出划时代的重大理论突破；第二种为由两个三角形组成的菱形，代表头脑敏锐，但知识基础不足的人，可能有重大发现，但难于做出划时代的理论创新；第三种是两个三角形顶点相交，代表头脑不算敏锐，靠宽厚的知识基础"来弥补"的人，仍能做出重大发现，多数科学家属此类；第四种是个倒三角形，代表头脑迟钝、知识基础又很单薄的人，顶多只能应付日常工作，平庸一生，不可能有什么创建。

二、壳层结构

1981年，赵红洲先生从知识体系的纵向结构入手，在进行了深入细致的研究后，提出了科学知识的壳层结构模型。它有利于理解知识结构的形成过程。"知识硬核"是指已经成熟了的基础理论、技术理论和应用理论；"知识幔层"是在掌握了"知识硬核"的基础上，以报章杂志上发表的论文来丰富"知识硬核"；"知识大气圈"是通过生产实践或科学实验，来检验或发展从"知识硬核"和"知识幔层"所获得的知识。这样便可建立动态的知识结构。

三、树状结构

知识的目的是为了创造，创造是有层次的，其成果有大有小，在知识量激增的今天，不可能等到知识在总量上绝对丰富了再去创造。因此，一般人应以建立树状知识结构为宜。

可以把普通基础知识比拟为树根，专业基础知识为树干，专业知识为树枝，人文学科和相关学科为树叶，随着知识树的成长，结出的果实将逐渐增大增多。那么，每个人都应该涉及哪些方面的知识呢？

一是要学点哲学、逻辑学、思维科学和科学研究方法论，这对提高思维能力和掌握科学方法都是有好处的。二是读点心理学和行为科学方面的书籍，既对开发智力有益，又对身心健康有助，还能和谐人际关系。三是学会艺术欣赏。欣赏书画、摄影、音乐等艺术作品，可丰富对人生的理解、对世界的认识，能使你领悟到在艺术创作的过程中广阔且灵活多样的思维方法。四是要学点管理知识。日本经济的高速发展普遍认为有两个因素：一是先进的生产技术，二是先进的管理办法。美国人也提出，现代社会的发展，三分靠技术，七分靠管理。五是要读点名人传记。伟大人物的传记就是教科书，它能给人多方面的启发，不少人都是从名人传记中受到鼓舞，走上成功之路的。

3. 建立知识结构的规则

知识结构是发现问题、分析问题、解决问题，增强兴趣和创造力的有力杠杆和重要基础。在建立知识结构中应遵循一定的原则。

一、合理性原则

知识结构应由具有相关性和规律性的知识组成。这些规律性的知识还要相对齐全，即必须是系统的、一组组在内容上有必然联系的"思维组合件"。客观事物是具有普遍联系的，遵循这一原则建立知识结构，便能将学到的理论、方法进行迁移，增进理解、记忆和应用，就能触类旁通，举一反三，思路畅通，有所创见。

二、动态性原则

人类知识的总量，每隔5至7年便要翻一番，即人类知识的总体结构始终处在动态发展之中，与之相对应，任何个体的知识结构也是处在动态发展中的。因此，知识结构，应当是一个动态平衡系统。对于不同层次的人才，需要建立不同层次的知识结构，这才是有效的知识结构。

三、简约性原则

目前，大多数科学家都确信，整个自然界的基本原理是屈指可数的，一个人的有效知识结构，不会是很庞杂的，而应是极简约的。著名数学家华罗庚教授生前说过：书要越读越薄。讲的就是把书真正读懂了，形成了知识结构，那便简约了。这里说的简约，当然不是贫乏，而是精粹中的简约，简约中的精粹。如果知识结构不简约，便会使大脑负担过重，负担过重必然导致肤浅，妨碍独立思考，不利于创造。

四、自调性原则

每个人都有各自的知识结构，同一个人在不同的发展阶段有不同的知识结构。知识结构的动态性特征要求人们应该根据自己的兴趣、需要和目标自动随时地调节知识结构，这样才能有所成就。

4. 好学：掌握知识的源泉

有知识的人不一定有成就，有成就的人必定有知识。在文化高度发达的现代社会里，要想有所成就，更需要有相当高的知识水平。能否掌握丰厚的知识，关键在于是不是好学不倦。

毋庸置疑，诺贝尔奖获得者之所以成就卓越，是与他们深厚的知识功底分不开的。而且，他们的这种功底，是靠他们的好学不倦打下的。他们中绝大多数人

好素质 是这样养成的

早在少儿时代就表现出了这种精神。他们从小就非常好学,春去秋来,日积月累,掌握了丰富的知识,为他们日后在事业上取得辉煌的成就奠定了坚实的基础。

伊西多·拉比,1944年诺贝尔物理学奖获得者。由于家里穷,小拉比上不起学,仅仅在街头巷尾学上几句粗俗的英语。直到9岁时,小拉比一家搬到纽约郊区,他才得以进了一所小学。贫困和愚昧是紧紧连在一起的,与别的孩子相比,小拉比上学晚了一步。在这之前,他满脑子都是听来的鬼神故事。

小拉比一旦有了学习的机会,就如饥似渴地扑在书本上。他对各种知识都有兴趣,什么日月星辰、风雨雷电,他都要问一个"为什么",都想弄懂其中的奥秘。然而,他的父母读书不多,知识有限,对小拉比的各种提问,往往不能回答。

于是,小拉比只好向书本求教,父母也非常支持他、鼓励他。大约从10岁起,小拉比就成了图书馆的常客。上中学后,小拉比更形成了一种规定:每星期一去图书馆借五六本书回家,抓紧一切时间阅读,到了周末,必须全部读完,送回图书馆。刻苦的阅读大大丰富了他的头脑,他的知识增长很快,并产生了对科学的热爱。

就是这样,拉比虽然出身贫穷,但凭着强烈的好学精神,勤奋钻研,奋斗不息,终于成了一位成就卓越的科学家。

知识是能力的内核,也是一种基本能力。知识对智力的发展具有不可低估的支撑和促进作用。毫无疑问,智商的多少与天分有关,但是,智力决不会从天而降,智力不可能在知识的空壳内形成。智力的花朵只有在知识肥沃的土壤上才能健康地含蕾、开放。可以说,没有了知识的累积,没有起码的知识依托,谈不上智力的发展。

然而,知识海洋浩瀚无边,究竟如何掌握更多的知识呢?唯一之道便是好学不倦。所谓好学不倦,就是对知识的不懈追求和对所进行的工作的强烈热爱。

1943年,17岁的李政道进入浙江大学。这时这所大学迁到了十分贫困的贵州遵义。教学条件实在太差了,连个安静的学习处所都没有。学习用功的李政道想到了一个办法,他白天到茶馆去,泡一杯茶,占一个座位,就在茶馆里埋头苦读一天书。时间长了,他又练出了一套闹中求静、专心读书的本领。

一年后,李政道转入了当时迁到昆明的西南联合大学(由北京大学、清华大学、南开大学组成),条件仍然十分艰苦,十几个同学挤在一间草屋里,不几天

第一章 充实孩子的知识

就要把被单衣物拿到大锅里煮一煮，以消除臭虫。在这里他仍然采用在遵义的办法，经常到茶馆里泡一杯茶，占一个座位，读一天书。他靠着这种刻苦学习的顽强精神，克服了当时面临的种种困难，取得了优异的学习成绩，于1957年获得了诺贝尔物理学奖。

此外，这里还涉及另外一个问题，就是让孩子储备什么样的知识结构？让孩子从小掌握完备的知识结构对自然科学、文学艺术都有涉猎是非常有必要的，但是，知识无穷尽，一个人不可能掌握所有的知识。因此，专家建议，掌握"T"型的知识结构较为合理，也能符合未来社会发展的需要。所谓"T"型知识结构，"T"的一横，指具备多学科、跨学科的宽厚的基础知识面；"T"的一竖，指具备某一些专业的纵深业务知识。家长朋友，您对此一定要有所注意。

很显然，必须注重培育孩子养成良好的学习习惯。习惯一旦形成就会变成人的内在需要，并有一定的稳定性，具有自动化的作用。那么，怎样才能做到好学不倦呢？

首先，培养孩子学习的愉快感。居里夫人说："我生活最好和最快乐的那几年，就是在这简陋的木屋中度过的，我把精力完全用在了工作上。"她还说："对科学的探究和研究，其本身就包含着美，其本身给人的快乐就是报酬，所以我在我的工作中寻得了快乐。"

对科学的热爱，把科学当做生活中的根本目的思想，不可能一下子产生，也不可能在成年后自然而然地产生，是在幼稚期开始逐渐形成的。如果孩子感到学习是愉快的，他还不会努力学习吗？它是一个人从小在与科学知识的"交往"过程中逐渐形成的。孩子对科学的热爱就表现在学习中产生的愉快情绪上。孩子在学习中也能体验到快乐，虽然这种快乐在形式上与科学工作者从事科学研究所获得的快乐不同，但本质上是一样的，都是对发现和占有知识的一种满足。

因此，了解孩子学习快感的程度和原因，对孩子的学习是相当有益的。提高孩子的学习愉快感，对培养孩子的好学品质是相当重要的。孩子的学习快感一般有三种：第一，经常的成功带来的学习快感。第二，最终完成某件制作或难题后带来的学习快感。第三，充分的自信使孩子对学习过程中的一切活动几乎都充满了快感。

第一种学习快感在三种学习快感中是较低级的，它不是学习过程本身带来的快感，而是有学习的兴趣；而且，这种学习快感不能提高孩子的学习自觉性。一旦学习成绩下降，孩子的这种快感就会随之变淡或消失。家长应利用这种学习快感来帮助孩子学习，因为此时他能大量地接受有关的知识和学习方法，并且也有强烈地想把好成绩保持下去的愿望。

第二种学习快感一般是在孩子经常成功的快感基础上产生的，它是孩子在相当长的时间内思考并解决了一道难题后，或在一件很难的科技制作完成后而产生的愉快情绪。在孩子今后的学习中，这些快感能成为克服困难的动力，使孩子不再怀疑自己的能力，也不会再怕难题，或在难题面前胆怯。这种快感是在战胜自己企图退却的念头后产生的，因此，他们对自己的聪明、能力开始自信，同时变得能控制自己，在遇到困难时去独立想办法，利用各种可以利用的条件去解决问题。这时，孩子开始对学习过程本身感兴趣。

第三种学习快感是孩子学习快感的最高层次。这时，孩子不仅对学习的过程和学习的结果产生愉快的情绪，而且对整个抽象的学习活动也产生了快感。这种快感的范畴也扩大到了人的智力和脑力活动的全部过程中。居里夫人所说的"快乐"，正是指的此中快感。这样的孩子，家长要尊重他们的意见，平等地指出他们的不足，引导他们进行一些需要很长时间的，有较大作为的活动，如进行科学制作或搞各种小发明。久而久之，孩子就养成了好学不倦的品质了。

其次，家长要给孩子做出榜样。幼稚期还没有明确的学习目的，这时家长对待学习的态度，会深深地印在孩子的心里。因此，家长朋友，您在闲暇时应多看些书，一方面充实自己，一方面能强烈地感染孩子。

希莫尔·阿格农（1966年诺贝尔文学奖获得者）出生在一个文化气息浓厚的家庭，他的父亲以研究犹太法典著称，母亲是个文学爱好者。闲暇时光，家里

第一章 充实孩子的知识

人以读书消遣。就这样,阿格农从小就养成了喜欢读书的良好习惯。大量的阅读不仅增加了的学识,还为他以后的创作奠定了基础。

第三,结合孩子的兴趣、好奇心进行培养。孩子的强烈的好奇心和对自然万物的兴趣,就是对科学热爱的最好萌芽。家长不应强迫孩子学习,而是结合孩子的兴趣,讲述有关的知识,继而转移到学习知识上来。

第四,对孩子取得的成绩就要给予鼓励。家长要关心孩子的进步,对孩子取得的哪怕是一个小小的进步都要给予鼓励。但在这里有必要提醒各位家长朋友,切忌将学习成绩与物质、金钱奖励挂上钩,这些极不利于孩子的健康成长。爱德华·毕希纳(1907年诺贝尔化学奖获得者)出生在一个世代务农的家庭。他和哥哥从小就酷爱学习、读书,不管什么书,只要弄到手,都会如饥似渴地读。他的父亲虽是一个农民,但看到孩子这种酷爱学习的劲头,十分高兴,一心想为他们创造条件。正是由于父亲的支持和鼓励,毕希纳兄弟都考上了慕尼黑大学。

第五,家长可以利用各种时机引发孩子好学的品质。例如,孩子常常会对未来产生幻想和憧憬,希望自己将来能够从事某种职业,如教师、科学家、军人等,家长可以利用与孩子一起展望未来的机会,引发孩子学习的冲动,教育他们只有好好学习将来才能实现自己的理想。

海因里希·维兰特,1927年诺贝尔化学奖获得者。维兰特小时候总喜欢看书,但是,他总想一下子就把所有的书都读完,那样他就马上成为科学家了!他的父亲便耐心地对小维兰特说:"孩子,你应该一步一步来,这么多书你要慢慢读,不是读过就可以了,还应该明白这些知识的应用才行,就像吃饭一样,要一口一口地吃,才能慢慢地消化吸收。这样学习的东西才会变成你的,懂吗?"

小维兰特点了点头说:"爸爸,我知道了,我一定学好知识,成为一名科学家。"小维兰特记住了爸爸的话,学习起来既勤奋又扎实,这为他以后从事化学研究打下了坚实的基础。

第六,培养孩子勤奋刻苦的品质。勤奋刻苦基本上是意志的表现,是迫使自己去做自己并不情愿做的事,从中得到的是苦,是累。人的天性是好逸恶劳、趋乐避苦的,但上进心、责任心要求我们去吃苦受累时,有的人退缩了,选择了逸和乐,这种人不会有什么上进,也不会承担什么责任;有的人则选择了苦和累——有成就的人只会从这种人中产生。"三岁看大,八岁看老"。我们不妨从勤奋刻

好素质是这样养成的

苦这个角度理解这句格言：小时养成懒惰娇气的毛病，将来很难有什么出息；从小就勤奋刻苦，奋发努力，长大了才能有所作为。

在学习条件好的环境里需要勤奋，而在学习条件不好的环境里，除了勤奋外，更需要刻苦。下面我们来看看1909年诺贝尔物理学奖得主吉利莫·马可尼小时候的事迹。

马可尼出生在一个富裕家庭，不幸的是在他5岁时就失去了父亲。年轻贤良的母亲把全部的心血都倾注在对马可尼的教育上，小马可尼也没辜负母亲的殷切期望，他非常懂事，成天埋头读书，在他家的波德奇农庄里有一座藏书楼，里面藏书丰富，物理、化学、数学、地理、文学等各方面的书应有尽有。当马可尼第一次面对如此多的书籍时，就像进入了一个宝库中。从此，他便沉浸在这片宝库里，如饥似渴地阅读，吸取知识的营养。

而且，小马可尼并不满足于只是看书，还亲自动手实践。由于他成天专注于读书和做实验，不知休息和玩乐，不理外界，亲友们都很担心他因此而损害身体，于是大家商议策划了一次"绑架"行动。

夜里，亲友们趁小马可尼睡熟之际，用黑布蒙住他的眼睛，将他抱到他母亲的房里锁住房门，以为这样小马可尼就可以好好睡一觉了。

第二天早晨，亲友们端了丰盛的早餐来到那间房中，却不见了小马可尼，房顶的天窗大开着。原来，马可尼很早就醒来，扯去黑布，靠搭起来的桌子、椅子，越窗而出，又回到阁楼上去了。

亲友们爬上阁楼，却见小马可尼正聚精会神地做着提取空气杂质的试验。见到亲友们，小马可尼只说了一句话："别再因为关心我而浪费我的时间了。"然后又继续做他的试验。

正是因为惜时如金、孜孜不倦地学习和读书，马可尼学到了广博的知识；正是因为锲而不舍、一丝不苟地反复做试验，马可尼掌握了熟练的试验技能。马可尼多年的辛勤劳动，终于结出了举世瞩目的硕果。1899年，他成功地进行了第一次用电波传递信息的试验，从此开辟了信息传播技术的新纪元。那一年，他年仅25岁。

知识链接

李政道

李政道，1926年11月25日生于上海，江苏苏州人，哥伦比亚大学全校级教授，美籍华裔物理学家，诺贝尔物理学奖获得者，因在宇称不守恒、李模型、相对论性重离子碰撞（RHIC）物理和非拓扑孤立子场论等领域的贡献闻名。1957年，与杨振宁一起，因发现弱作用中宇称不守恒而获得诺贝尔物理学奖。1985年，他又倡导成立了中国博士后流动站和中国博士后科学基金会，并担任全国博士后管理委员会顾问和中国博士后科学基金会名誉理事长。1986年，他争取到意大利的经费，在中国科学院的支持下，创立了中国高等科学技术中心（CCAST）并担任主任。其后，成立了在浙江大学的浙江近代物理中心，在复旦大学成立的李政道实验物理中心。2006年至今任北京大学高能物理研究中心主任。

5. 调动孩子学习的积极性

没有孩子自身学习积极性的发挥，学习是不可能取得进步的。

那么，应该如何调动孩子学习的积极性呢？

首先，端正孩子的学习态度，使其不断提高学习的自觉性。学习是一种艰苦的脑力劳动，不付出一定的努力是不行的。研究表明，孩子对即将学习内容的意义和目的认识越明确，他的学习动机就越强烈，学习积极性就越高昂，其学习效果也就越显著。而且，孩子起初对某些学习内容没有兴趣，经过努力在学习中取得了成绩，也会很快产生学习兴趣。

玛丽·居里在巴黎上学时，先是住在生活条件较好的姐姐家里，为了节省往返学校的时间，她在学校附近租了一间阴暗、潮湿、狭窄的小阁楼，每天只靠茶水和干面包充饥，经常学到凌晨才躺下歇息。冬天屋子里冷得就像冰窖，她照样用冻僵的手又写又画。由于学习过于劳累，生活过于艰苦，她患上了严重的贫血症，有好几次虚弱得晕倒过去。

因此，家长要结合具体学习内容的特点，说明学习的社会意义与孩子成长的关系，使孩子认识到今天的学习是明天建设祖国的前奏，树立为振兴中华而学习的社会责任感，从而自觉地学习。

其次，激发孩子的求知欲和学习兴趣，使其不断增强学习的动力。法国教育家卢梭曾说过："要启发儿童的学习兴趣，当这种兴趣已经成熟的时候，再教给他学习的方法。"学习兴趣是孩子力求认识事物的积极倾向，它可以决定孩子坚持不断的努力方向，可以成为孩子学习的内在动力，可以帮助孩子战胜学习中的各种困难，是孩子获得良好学习成绩的重要条件。

克努特·哈姆逊上学时，到中午买不起饭吃，他就饿着肚子独自坐在教室里读书。后来连学也上不起了，他不得不为了一块面包而到处奔波，到处流浪，多次打工，多次失业，即使到了走投无路的地步，他都没有丢弃他心爱的伙伴——书。

家长在指导孩子平时的学习过程中，要注意运用丰富有趣的或系统性逻辑性强的学习内容和生动活泼的教学方法来吸引孩子，使其求知欲和学习兴趣不断加强。

第三，对孩子的学习进步及时给予表扬，使其看到自己前进的脚印，树立学习的信心，更加热爱学习。对于学习成绩较差的孩子，家长要尽量指出他学习上的长处，不要让他有思想包袱，要与学校教师一道为孩子制定切合实际的补习计划，只要孩子能攻下一些难关，就会逐步恢复学习的信心和热情。

最后，创造轻松、活泼的学习气氛，使孩子感受到学习的快乐。孩子在学校里的学习相对来说是比较紧张的，尤其是刚刚迈进学堂的孩子，他们刚刚脱离学龄前自由自在的生活方式，初入每天要上5~6节课的学校生活方式，往往感到不自在。心理学家和教育学家认为，精神压力对学龄初期孩子的成长发育和学习进步，只会产生消极作用。

所以，家长应妥善安排孩子的学习和娱乐，使其有足够的玩耍时间。居里夫人指导孩子的学习兴趣，又使她养成了讲究效率的习惯，值得我们每位家长效仿。

知识链接

居里夫人

玛丽·居里（1867—1934），1867年11月7日生于华沙。世称"居里夫人"，全名：玛丽亚·斯克沃多夫斯卡·居里。法国著名波兰裔科学家、物理学家、化学家。

1903年，居里夫妇和贝克勒尔由于对放射性的研究而共同获得诺贝尔物理学奖。1911年，因发现元素钋和镭再次获得诺贝尔化学奖，因而成为世界上第一个两次获得诺贝尔奖的人。居里夫人的成就包括开创了放射性理论、发明分离放射性同位素技术、发现两种新元素钋和镭。在她的指导下，人们第一次将放射性同位素用于治疗癌症。由于长期接触放射性物质，居里夫人于1934年7月3日因恶性白血病逝世。

6. 在生活实践中进行学习

"学"是从书本上、教师讲授中获取知识；"习"则是从生活实践中获取知识。有人说过，人的一生中有70%的知识是从生活实践中获得的，这一数据虽未必准确，但也说明了在生活实践中进行学习的重要性。

苏霍姆林斯基说："个体的知识背景越丰富，学习起来就是越轻松，而且已经阅读过的东西，有千万个接触点，跟你而后要解决的问题是相通的。"这里所

好素质是这样养成的

说的"知识背景""千万个接触点",就是指的生活实践。具有哪方面的生活实践,便容易从书本上获得那方面的知识;具有不同生活实践的人读同一本书,其收获体会可能截然不同。这是因为实践是认识的基础,知识源于实践,实践出真知。生活实践越丰富,越容易获得广泛的书本知识,完善知识结构。

学习的目的,全在于运用。英国哲学家弗兰西斯·培根在《论知识》一文中说:"狡诈者轻鄙学问,愚鲁者羡慕学问,唯聪明者运用学问。"知识本身并没有告诉人怎样运用它,运用的方法乃在书本之外。这是一门技艺,不经过实践就不能学到。只有通过实际活动,掌握了运用知识的技巧,在现实中能具体运用知识,才能获得真学问。

如何才能从生活实践中获取广博的知识呢?一是要做个有心人。处处留心皆学问,随时都保持要读无字之书的心理状态,这样方能防止重要信息的流失,从生活实践的方方面面吸取知识,为大脑活动提供丰富的物质基础,开阔视野,启迪思维,开发智能,创造成果;二是要勤作笔记。好记性不如烂笔头,随身带上笔记本和钢笔、圆珠笔或铅笔,在参观实习、同事闲聊、朋友聚餐、文化娱乐、游山玩水时,把看到、听到、想到的新东西、重要信息,即时记在笔记本上,以免遗忘;三是要常思考。伽里略讲:"思考是人类最大的快乐。"普朗克说,思考"可以构成一座桥,让我们通向新知识"。在生活实践中获得的东西,往往是只"知其然",还要通过思考这座桥,才能"知其所以然"。只有既知其然,又知其所以然,才算得上是真正获得了知识。

知识链接

伽利略

伽利略·伽利莱（1564—1642），意大利物理学家、数学家、天文学家及哲学家。其成就是改进望远镜的天文观测，支持哥白尼的日心说。伽利略做实验证明，感受到引力的物体并不是呈匀速运动，而是呈加速度运动；物体只要不受到外力的作用，就会保持其原来的静止状态或匀速运动状态不变。他的工作，为牛顿的理论体系的建立奠定了基础。1590年，伽利略在比萨斜塔上做了"两个铁球同时落地"的著名试验，从此推翻了亚里士多德"物体下落速度和重量成比例"的学说，纠正了这个持续了2000年之久的错误结论。1609年8月21日，伽利略展示了人类历史上第一架按照科学原理制造出来的望远镜。1642年1月8日卒于比萨。伽利略被誉为"现代观测天文学之父""现代物理学之父""科学之父"及"现代科学之父"。为了纪念伽利略的功绩，人们把木卫一、木卫二、木卫三和木卫四命名为伽利略卫星。

7. 从交往中获取更多、更新的知识

诺贝尔物理学奖获得者温伯格认为：你想成为什么样的人，多少有点取决于你与谁一起上学。这里有一种"共生效应"。什么是"共生效应"呢？在自然界中，有些植物当它单独生长时会枯萎、死亡，而在它同另一种或几种植物共同生长时，却能长得生机勃勃、枝繁叶茂，人们把这种现象称为"共生效应"。这种现象，在人类社会中同样存在。20世纪近代物理学上的革命，发生在德国的一个名叫哥廷根的古老小镇，这绝不是偶然的。原来，费里德利希·高斯在这里任过教，费利克斯·克莱因、希尔贝特、明柯夫斯基和龙格在此"导演"过著名的"四重

好素质是这样养成的

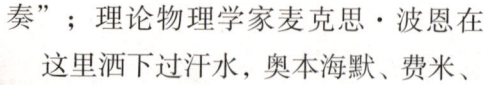

奏"；理论物理学家麦克思·波恩在这里洒下过汗水，奥本海默、费米、鲍利、哈恩、海森堡、泰纳等人在此留下过足迹。正是由于他们的相互作用，才使哥廷根成为原子物理学的新大陆。美国纽约布朗克斯高级理科中学有1个班仅物理学博士就出了8位，其中两位共同获1979年诺贝尔物理学奖，其他6位也都成了专家教授。这些都证明"共生效应"的作用是不可低估的。

英国大文豪萧伯纳有个十分形象而深刻的比喻："倘若你有一个苹果，我也有一个苹果，而我们彼此交换这些苹果，那么，你和我仍然是各有一个苹果。但是，倘若你有一种思想，我也有一种思想，而我们彼此交流这些思想，那么，我们每个人将各自有两种思想。"可以毫不牵强地推广开来说，倘若你有一种知识，我有一种知识，他还有一种知识……许多人在一起交流这些知识，那么，每个人都可能获得更多的知识。

通过人际交往能花费较少的时间，学到更多、更新的知识，这是一种有效的学习方法，有人把它称为"外向学习法"。如果你是一个总裁，同时，你拥有一批在经济学、管理学等领域颇有造诣的朋友，那么，你的事业肯定会顺利得多。特别是在知识量激增，而个人由于工作的竞争、紧张等原因，空闲时间较少的情况下，通过交往获取知识何尝不是一种轻松有效的方法呢？

第二章
开发孩子的智力

好素质是这样养成的

1. 智力：能力的内核

未来社会是智力型社会，智力将成为社会系统的主宰，社会的权利与财富都将因智力作用的凸现而发生转移。未来社会的高度变迁性，不仅要求更宽的知识面，尤其要求更强的知识转移能力。现在总听到这样流行的说法，譬如知识经济。其实，所谓"知识经济"，亦称"智力经济"，主要指智力因素成为经济增长的主导因素。这是人的智力在经济发展乃至改造自然的全过程中的价值得以强烈凸现的结果。

智力是能力的内核地位，在吸纳知识过程中起到重要的作用。玛丽·居里从小就智力超常，善于思考，有超人的记忆力和丰富的想象力。小玛丽4岁时，她的姐姐布罗妮雅觉得独自学字母太枯燥，便和小玛丽玩"教师游戏——一个举着字母一个念。有一天早晨，布罗妮雅正在父母面前结结巴巴地背字母。或许小玛丽听得不耐烦了，便流利地把那些字母背诵出来了。

当小玛丽上学后，她过人的聪慧更是迅速展现出来。尽管她比自己的同学小两岁，却对于任何科目都非常轻松，永远是第一。后来，她成了第一个获得诺贝尔奖的女科学家。在此，我们不禁要问，是什么让小玛丽学习如此快呢？正是因为她有过人的智力水平！

智力是吸收知识的全程的"伴娘"。智力是吸收知识过程中必不可少的要素，可以说，孩子自牙牙学语开始，就需要智力。孩子识字时，需要记忆和观察，记忆力强的孩子可以很快突破识字关；进入阅读阶段，阅读能力的提高赖于观察力、想象力以及理解力的支撑；接下来的各种学习活动，几乎都需要智力家族全家登场才能学得好。

智力决定知识吸纳力。智力是决定一个人学得活不活的主要因素，从而决定一个人对知识的吸纳力与吸纳率。智力强的表现之一是遇事得法，比如说记忆，记忆力强，记忆得法，事半功倍；如果在此基础上，还能凭借丰富的想象力、联想力，举一反三，触类旁通，别出心裁，迁移能力大增，甚至进入创造的预备阶段。

此外，智力参与的知识吸收过程绝不是一个机械照办的过程，思维力、想象力等智力因素不仅使孩子能"知其然"，还能"知其所以然"。这大大提高了孩子吸收知识的量和效果。

智力是各种基础能力的总和，包括许多要素，其中注意力与观察力、记忆力、思维力、想象力可以称为智力结构的五大

要素。在智力结构中，各种能力是相互联系、互相制约的，它们在智力结构中各有一定的作用。为了便于理解，我们不妨打个比方：观察力是求知的窗口，记忆力是智慧的仓库，思维力是智力开发的核心，想象力是思想的翅膀，注意力是智力活动的保障。孩子只有将这些要素发展良好，孩子才可能在将来形成某些专门能力，即特殊能力。因此，敏锐的观察力，良好的记忆力，敏捷的思维力，丰富的想象力，既能专注又能协调分配的注意力，是现代人才智力结构的理想模型。

2. 培养孩子敏锐的观察力

观察能力是什么呢？是指人通过眼、耳、鼻、舌、身感知客观事物的能力。观察，是人的有目的、有计划的感知活动，不是盲目的、随意的。人学习知识的过程，从观察开始。如果学习自然科学知识，就要在自然条件下或在实验室里，认真观察具体的事物，观察各种自然现象、实验规律等等，从而获得自然科学知

识。如果学习社会知识，就要观察社会生活和各种社会现象，了解人的复杂的社会关系和社会发展的规律，从而获得社会科学知识。

1975年出生的任寰，7岁写诗，9岁发表作品，10岁出版第一本诗集，12岁加入河北省作家协会。18岁考入北京大学中文系。至今已出版诗、文集7部，发表各类文章近500篇，多次获国际、国内文学奖。任寰小时候不爱说话，这与她从小患过敏性哮喘有关。每次住院、打吊针、输氧，她也不多话。这种生活，使她自然形成了善于用眼睛观察、用耳朵听话的习惯。任寰爱好写作了。当作家的父亲任彦芳以自己的切身体会教她自觉地学会观察和思考，发展她的观察和思考能力，并让她开始记日记。任寰上小学二年级时，父亲有意识的培养她观察描写大自然。上小学三年级时，又教她注意观察人物，观察人的心理，进而观察思考社会和人生。《10岁女孩任寰诗文选》就是她观察生活、思考生活的结晶。著名诗歌评论家谢冕称她的诗具有思辨性。在这本诗文选里，有她的观察手记，有人物速写等。

小时候父亲带她到公园玩。临行前就告诉她：你要注意观察事物的特点，越细越好，回来写篇日记。这样，到了公园里，任寰就非常注意观察花、鸟、草、虫等。任寰本来好奇心强，求知欲旺盛，父亲很好地利用了孩子这一天性，经常带领孩子到大自然中去。让孩子在尽情的玩耍之中，观察万物的悄然变化。去看春天的绿芽，夏日的鲜花，秋季的果实，寒冬的落叶，去听蝉鸣鸟唱，这些都引起任寰的兴趣和思考。同时，任寰的父母在平时也注意指导观察，开阔孩子的眼界，充实孩子的知识和生活。比如，让任寰观察家里养的花草、小鱼，晚上带任寰观察星空，讲讲简单的星系。白天观云，看到云的流动，讲一讲"云往东，一场空，云往西，披蓑衣"等谚语的简单道理等。任寰的父母经常引导她走向社会、走向大自然，接触生活，观察世界，扩大眼界，鼓励她遇事多问几个为什么。启发孩子思考问题。这对任寰后来的成功有极大作用。

科学研究告诉我们，人的大脑所获得的信息，有80%~90%是通过眼睛和耳朵吸收进来的。因此，有人说：观察是智力活动的门户。任何一个人，如果没有较强的观察力。他的智力很难达到高水平。著名生物学家达尔文说过："我既没有突出的理解力，也没有过人的机智，只是在观察那些稍纵即逝的事物并对其进行精细观察的能力上，我可在中人之上。"俄国生物学家巴甫洛夫在他实验室的墙上，写着醒目的6个大字："观察，观察，观察！"

要提高孩子的学习成绩，发展他的智力。不提高他的观察力是不行的。前苏联教育家赞可夫曾经明确指出，学生学习成绩落后的原因纵然是复杂的，但普遍的特点之一是观察力差。那么，要提高孩子的观察力，家长应该怎样做呢？

一、指导孩子明确观察目的，养成观察习惯

明确观察目的，包含两层意思：一层是帮助孩子在心里树立观察的意识，认清观察对于发展自身智能的好处；另一层是教育孩子在观察任何事物时，都要有明确的目的，即观察什么，为什么观察。在家里或外出，可以随时确定一种观察对象，进行有目的的观察。比如，观察一件工艺品的形态、颜色、特点、制作水平；观察做饭、做菜的全过程；观察山水、树木、花草；观察一座建筑……为了提高观察效果，还可以边观察边用语言描述。家长与孩子还可以互相评议，看看观察得仔细不仔细，描述得逼真不逼真。如能经常这样做，定会提高孩子的观察力。激发孩子的观察兴趣、确定了观察对象之后，家长应提出观察的要求或任务，引导孩子提出观察的计划（如步骤、时间、方法等），逐渐形成观察的目的性，这样才能提高孩子的观察能力。比如，在让孩子观察金鱼之前，先提出任务"看你能不能说出金鱼的尾巴什么样，有什么用处？"观察过程中，如果孩子的注意十分散了，家长更要及时巧妙地提出问题，引导他的注意力始终围绕着观察对象，不轻易转移目标。比如，孩子看不出金鱼的尾鳍与游动身体的关系、转而注意鱼嘴吐泡泡时，你不妨问他："你看金鱼游泳时，它的尾巴怎么动呢？你来用手比一比。"

二、培养孩子有计划地观察事物

观察活动有内容繁简、范围大小、时间长短的分别，但都需要有计划地进行。没有计划，效果不好，不利于提高观察的能力。观察有计划，是指在观察活动开始之前，先定好观察的目的。比如做饭，多少米，怎么淘，放多少水，大火烧多长时间，小火焖多长时间。先是观察父母怎样做，然后自己照样做。学会了做饭，也提高了观察力。有的家长支持、鼓励孩子自己种一盆花或其他植物，每天观察其变化，有的还写观察日记，不断给以指导。这样的观察活动，既有兴趣，又有丰富的内容，效果很好。

三、指导孩子学会观察的方法

孩子的观察力强吗？或许你会说，小孩子平常就是在不停地看、听，到处摸

一摸、尝一尝,不用管,自然具有很强的观察力,真是这样吗?观察不同于随便看看、随便听听,它是一种有目的、有意识的感知活动。人常说"外行看热闹,内行看门道",就是这个道理。孩子的天性好奇,表现出好动、好问等行为,却很少有目的、有意识、有效地进行观察活动。事实上,孩子的观察力水平比较低。

父母在鼓励孩子勤于观察的同时,还要帮助孩子和教会孩子善于观察。著名哲学家黑格尔认为,训练人们精细的观察力最好的方法是,教他们在万事万物中寻求事物的"异中之同,或同中之异"。他说,如果一个人能看出显而易见的差别,算不了什么。如看出一支笔与一只骆驼不同,不会有人因此说这个人很聪明。同样一个人能看到两样相近的东西,如橡树与槐树,或寺院与教堂,有相似之处,也并不表示他有多少才能。不容易的是要能看出异中之同,能分辨出同中之异。许多知名学者、文人、艺术家,在实践中也证明了黑格尔的见解。

四、从兴趣入手

孩子本来好奇心强,求知欲旺盛,家长应很好地利用孩子这一天性,经常带领孩子到大自然中去,让孩子在尽情的玩耍之中,观察万物的悄然变化。这样做不仅使孩子从中学到知识,体验观察的乐趣,又能促使孩子多思考,从而培养和发展孩子的良好的观察能力。激发孩子观察的欲望,才能使他进一步进行观察活动。在家里,让他看看、说说家人喜欢的事情,比如衣服、食物、动作特点等等;家中如有动植物,鼓励孩子观察它们的生长变化,和它们生存的条件;做游戏,如家庭成员扮演、互相模仿,或者比赛走迷宫图等等。在户外,鼓励他观察白云的瞬息变化、行人的千姿百态、植物的争奇斗艳、昆虫的蜕变活动,车辆、建筑、商品和商店等等,到处都有可供观察的内容。家长有一双发现的眼睛,有一颗童心,是引导、激发孩子观察兴趣的前提。当孩子沉迷于对自然的观察过程中,给他一个远远的关注就够了,不要过多地干扰他。正如一句名言所表达的:"大自然是小孩子学习的宝库。"外界与大自然之中,有无穷的力量可以吸引孩子的兴趣,如果不把孩子带到那种学习场所中去,这不是父母的疏忽,又是什么呢?

五、变化环境

单调的、不变的环境容易使人厌倦,失去观察兴趣,这可以解释为什么很多孩子爱"串门"。丰富多彩、经常变化的环境能激发孩子的好奇,更有益于孩子发展观察力;活动的物体比静止的更易引起孩子观察的兴趣,观察持续时间也比较长，这也是为什么孩子喜欢看汽车、看动物的重要原因。因此，家长应注意给孩子提供良好的观察环境，即环境内容丰富多彩而不杂乱、色彩鲜明而不互相干扰，经常富于变化；与人交往的机会较多却不过于频繁；家居生活中定期、定时进行郊游及其他户外活动等等。引导孩子观察的对象最好是生动活泼、形象鲜明的具体事物，即好看、好玩、好听的物体。

六、丰富孩子的知识

孩子的知识经验来自于观察，良好的观察力是获得丰富的知识经验的前提条件；反过来，丰富的知识经验又能促进观察能力的发展，提高观察力水平。比如孩子观察了金鱼，遇到机会他会去主动观察其他鱼类的身体特点和生活习性，相应的他了解了越来越多的水中生物的知识，就想去了解更多的有关知识。可以说，知识经验越丰富，孩子的观察愿望越强烈，观察也越细致、有效，观察能力得以迅速提高。观察力的高低与孩子视野是否开阔有关。孤陋寡闻的孩子，缺少实践的机会，观察力必然受到影响。看到同样一种现象，有的孩子能说出许多，有的孩子却说不上几句，这是什么道理呢？这与孩子知识学习的情况有关。知识学得扎实，道理融会贯通，观察问题就比较深刻。可以说，观察力基于知识与经验，而知识与经验的丰富与提高又会反过来促进孩子观察力的发展。

其实孩子学会比较的场合和机会是很多的。例如，到了动物园，就可以让孩子比较一下猴子与猩猩有什么相同和不同之处；到公园里，在许多相似的树木中，让孩子找有几个不同品种；在花丛中有多少种花，有几种颜色，它们的香味又有什么不同。这些都可以提示孩子进行仔细的观察。在动物中，猫和狗，鸡和鸭的相同与不同之处，不都可以做比较吗？在孩子明白了猫狗都有四条腿，鸡鸭只有两只脚等粗浅的差异后，再引导他们进一步仔细观察各种动物的神态、习性等特征。

牛顿在孩子时代，对各种事物都喜欢仔细地观察。而且都力图透过现象看本质，把不懂的地方彻底弄明白。夜晚，牛顿仰望天空，神往那眨着眼睛的大大小小的星星。心里想，这星星月亮为什么能挂在天空上呢？开普勒说，星星、月亮都在天空转动着，那它们为什么不相撞呢？刮大风了，狂风旋卷着沙石，人们都躲进了屋子里。牛顿却冲出屋子，独自在街上行走。一会儿，随风前进；一会儿，逆风行走。他要实地观察顺风与逆风的速度差，到底有着何种本质的差别。像牛

好素质 是这样养成的

顿那样，观察能力较强的孩子，观察问题也能透过现象看本质。比如，有的孩子写作文《我的妈妈》，他不仅注意到了妈妈的音容笑貌、言谈举止这些现象，还能通过这些现象，发掘出妈妈的内心世界来。有的孩子观察大自然的景色，不仅注意到花草树木、气温云彩以及鸟类的活动、土壤的变化，还能从这些变化中找出哪些景色是春天到来的象征，哪些景色是寒冬来临的预兆。

观察能力达到准确无误并透过现象看到本质的功夫，并非一日养成。比如，艺术家有一种艺术家特有的眼睛，人们认为是白色的墙壁，画家的眼里却认为是红色的、黄色的、蓝色的……生物学家能一眼认出动物、植物的种类，建筑师则能从建筑物的外形上识别其不同的结构，当你沾沾自喜地买到一件"十分满意"的商品时，商品质检员一眼看出它是一件拙劣的仿制品。

观察方法是取得观察效果的必要条件，孩子的知识经验少，思维具体化，需要成人教给他必要的观察方法，才能提高观察力。观察的主要方法有：

（1）**综合观察**。即先局部后整体或先整体后局部的观察方法，以达到对观察对象全面正确的认识。

（2）**动静观察**。动态观察指按先后顺序或方向位置观察物体的变化；静态观察指按物体的颜色、形状等进行观察，建立基本数学概念，理解数学法则。父母要指导孩子学会动静结合观察法，为孩子以后看图数数和看图列式打下基础。

（3）**对比观察**。比较是一个鉴别的过程，只有通过比较才能提高孩子的观察能力。比如，让孩子观察其他孩子的绘画作品，并同自己的作品进行比较，肯定好的，指出不足。我们周围的各种事物间既有区别，又有联系，引导孩子在对比中观察事物，求同寻异，可以使观察活动更全面、更深入，有利于孩子积极主动获得知识经验，同时发展思维能力，并激发孩子深入观察的兴趣。比如，让孩子观察金鱼和热带鱼的异同，观赏鱼和食用鱼的异同，黄鱼和带鱼的异同，带鱼和乌贼的异同等等。这样的观察既有趣，又有效，还可以使观察活动不断深入，提高观察力水平。对比观察中应注意引导孩子按顺序观察，比如从上到下，从外到里等等，使观察过程和结果条理化、清晰全面。

（4）**反复观察**。对于某一动作可让孩子进行重复观察，这种方法可以强化孩子大脑皮层形成暂时性的联系，并能使各个暂时性联系之间相互贯通，逐步形成动作的连贯一致。反复观察能形成孩子对事物的整体认识，并掌握复杂的难度大的各个环节。

（5）顺序观察。事物的发生一般都有一个先后顺序，如植物的生长。让孩子认识一个事物发展的全部过程，建立一个完整的概念，使孩子养成按顺序观察的好习惯。让孩子有顺序地观察，能使他有条理地思考，达到思路清晰、言之有序，逻辑思维能力增强。一般来说，观察是由近及远或由远及近；从上而下或从下而上；从左到右或从右到左；先中间后四周或先四周后中间；由表及里或由里及表等。

（6）重点观察。在事物完整的发展过程中，必定有一个环节是主要的，如植物生长是其从生到死过程中的最主要的环节，这个环节是重点观察的对象。这些训练对培养孩子抓主要问题，抓中心环节，掌握大局都有好处。

（7）放大观察。一位著名的外科医生，讲到他的童年有一柄小小的放大镜，用来看蚂蚁，再看青蛙，激发了他当医生的愿望。有些东西，看起来太熟悉了，就使人失去了对它的兴趣，但是拿来一个放大镜放大以后，孩子会发现许多新的东西很有趣，他会用放大镜去继续观察其他能看到的所有物体。

（8）缩小观察。问问孩子，海水是什么颜色的，他可能会说是蓝色的，帮他用无色透明的瓶子装一些，可以使他知道，有些事情缩小了才可能观察到真实的结果。

（9）操作观察。观察过程并不只是眼睛的看就足矣，孩子的身体感官参与越多，观察的积极性越高，观察的效果越好，当观察与动手相结合时，孩子观察到的就不仅是事物的表面现象，更有助于帮助他了解事物的性质和变化规律，并发展了孩子的动手能力和解决问题的能力。

观察是一个人认识事物的重要途径，是智力活动的基础，是完成学习任务的必备能力。观察是聪明的眼睛，没有敏锐的观察力，就谈不上聪明，更谈不上

好素质是这样养成的

成才。细致是培养观察的基本要求。准确是观察习惯的根本。全面是观察的基本原则。发现特点是观察的目的。可以这样说，家长对孩子观察力的培养，不仅有助于孩子在学习文化知识方面获得成功，也有助于孩子整个人生的成功。试试看，为孩子开启一扇明亮的"窗户"吧！

知识链接

牛　顿

　　艾萨克·牛顿（1643—1727），出生在英格兰林肯郡乡下的庄园，英国皇家学会会长，英国著名的物理学家，著有《自然哲学的数学原理》《光学》。他在1687年发表的论文《自然定律》里，对万有引力和三大运动定律进行了描述。这些描述奠定了此后三个世纪里物理世界的科学观点，并成为了现代工程学的基础。他通过论证开普勒行星运动定律与他的引力理论间的一致性，展示了地面物体与天体的运动都遵循着相同的自然定律；为太阳中心说提供了强有力的理论支持，并推动了科学革命。在力学上，牛顿阐明了动量和角动量守恒的原理，提出牛顿运动定律。在光学上，他发明了反射望远镜，并基于对三棱镜将白光发散成可见光谱的观察，发展出了颜色理论的光学和万有引力定律。他还系统地表述了冷却定律，并研究了音速。在数学上，牛顿与戈特弗里德·威廉·莱布尼茨分享了发展出微积分学的荣誉。他也证明了广义二项式定理，提出了"牛顿法"以趋近函数的零点，并为幂级数的研究作出了贡献。在经济学上，牛顿提出金本位制度。牛顿研究出了物体运动的三个基本定律。1687年的巨作《自然哲学的数学原理》，开辟了大科学时代。牛顿是最有影响的科学家，被誉为"物理学之父"。

3. 培养孩子良好的记忆力

学习是一个知识积累的过程，没有好的记忆力就无法在脑中积累足够的知识，就无法有效地联想和创造。因此，孩子要读好书，记忆力是基础。记忆力好的孩子十有八九学习成绩也好，而且学得轻松。

亨德里克·洛伦兹，获得1902年诺贝尔物理学奖。他从小就有着惊人的记忆力，能够长篇背诵狄更斯的作品。不只洛伦兹有良好的记忆力，诺贝尔奖获得者大都有此特征。

记忆在人生的各个阶段都是必须的，每一种实践活动都是在记忆的基础上进行的，一时一刻也离不开它。心理学家研究发现，记忆力一般产生于婴儿时期，3~7岁是孩子记忆发展的关键期。在这一时期进行科学训练不仅见效快，而且效果好。各位家长切莫错过这一关键期。

您的孩子的记忆力如何呢？强弱没关系，因为孩子的记忆力不是一成不变的。经过后天科学的培养，是能够唤醒孩子的记忆潜能的。

记忆活动是人的一种心理现象，而且这不是孤立的，它的发展是与其他心理活动协同作用、互为影响的结果。因此，要使记忆力达到最佳水平，就必须拥有良好的心理基础，如坚定的信心、明确的记忆目标、记忆的兴趣等。这些，对孩子记忆力的训练非常重要。

第一，心情平静，树立信心。 坚定的记忆信心是记忆的前提。相信自己能记住，就会迅速地排除杂念，集中精力，进行积极的记忆。相反，在记忆前总是担心自己记不住、记不牢，那记忆力就会一落千丈。因为在记忆消极的状态下根本无法调动大脑神经细胞的积极性，大脑处于一种消极的抑制状态，记忆的潜能不能被充分挖掘，注意力也难以集中，从而影响大脑对信息的接受、加工、存储和提取。坚定的记忆信心能消除记忆上的自卑。因此，家长应保证孩子心情平静，

好素质是这样养成的

有积极的记忆信心。

第二，有明确的记忆目的。记忆有强烈的意识性和倾向性，要想记住什么必须有明确的目标，记忆效果和记忆的目标有着密切的关系，在相同的条件下，记忆的目标越明确，记忆的效果就越高。因为注意力的指向性越集中，使大脑细胞处于高度活跃状态，形成一个优势的兴奋中心，容易接受外来的刺激，使大脑记忆痕迹清晰，因而储存持久。而记忆目的不明确，注意力随时有可能被分散和转移，大脑皮层兴奋中心形不成兴奋优势，记忆效果就会降低。心理学家彼得逊曾用两个小组进行记忆16个单词对比实验，一组是有目的的，另一组是无目的的，其他各类的情况、条件相同。结果：有目的组当场记住14个单词，两天后能记住9个；无目的组当时记住10个单词，而且两天后只能记住6个。很显然，前者效果明显高于后者。

因此，在日常生活中和进行游戏活动之前，家长应常主动向孩子提出明确的记忆目的，提醒孩子的有意记忆。如在讲故事之前，家长预先向孩子提出要复述故事的要求；看卡通片前，要求第二天把大概意思说一说；去动物园之前，要求孩子记住哪些动物的外形、动作及神态，回家后进行模仿或画出来。这样一来，有利于发展孩子的有意记忆，开发孩子的记忆潜能。

第三，提高记忆兴趣。提高兴趣是提高记忆力的促进剂。世界上著名的心理学家弗洛伊德曾说过："人只记感兴趣的东西。"德国大作家歌德也说过："哪里没有兴趣，哪里就没有记忆。"

兴趣使人的大脑皮层形成兴奋优势中心，能进入记忆最佳状态，最大限度地调动大脑两个半球的内在潜力，可充分发挥孩子的创造力和记忆力的潜能。而且，兴趣能激发孩子积极思考，经过积极思考的东西能在大脑里留下痕迹。兴趣使孩子情绪高涨，良好的情绪可激发脑肽的释放；生理学家认为，脑肽是记忆学习的关键物质。

第四，保持孩子心情愉快，仔细观察。心情愉快能把事情记牢。仔细观察可增强对事物的印象，提高记忆力。在孩子以无意记忆为主的阶段，幼儿的观察力的高低决定着孩子记忆力的好坏。观察有助于加深印象，有助于信息编码的条理性，使信息形象化、具体化。

第五，理解意思，强化形象。理解是记忆的基础，是克服遗忘的有利手段。当孩子的有意记忆得到增强后，理解力就很重要了。俗话说，强记不如善语。理解是思维的功能，记忆是思维的起点，思维又是记忆进行的机制。思考有助于对记忆信息的判断和推理，有助于对记忆信息进行编码储存使之有序。对任何知识和经验的记忆，假如没有思维过程，就很难变成长久记忆被保持下来。知识是外在的东西，通过感觉器官感知的知识，如果没有经过思维器官深入思考，那么，它依然是外在的东西，是不能被识记者真正接受的。思考可以变外在之物为内在之物，从而达到深刻记忆的目的。

从心理活动过程看，思考过程就是理解过程，而理解过程又是信息在头脑里编码归档的过程。研究表明，材料组织程度越高，记忆效果就越好，要发展记忆力，就必须相应地发展思维。只有具备了灵活的思维，才能使记忆力达到超凡脱俗的境界。

第六，丰富孩子的知识、经验。知识是记忆力的燃料。从理论上讲，一个人的知识越丰富，就越能建立起新的暂时的神经联系，而脑神经的联系越广泛，对新知识的理解力就越强，自然记忆效果也就越好。另外，学习迁移原理也表明，学习某一知识和技能，对于学习另一种知识和技能有着重要的影响。如学会了英语，再学习另外一门外语就比较轻松了。因此，丰富的知识是提高记忆力的重要条件之一。

记忆力是大脑的功能，记忆过程与大脑的生理活动有着密切的关系。因此，注意适当的营养，增强大脑记忆的物质基础，对提高孩子的记忆力也很有帮助。

知识链接

狄更斯

查尔斯·约翰·赫芬姆·狄更斯（1812—1870），19世纪英国最伟大的作家，也是一位以反映现实生活见长的作家，他在自己的作品中，以高超的艺术手法，描绘了包罗万象的社会生活图景，作品常常表现出揭露和批判的锋芒，贯彻惩恶扬善的人道主义精神，塑造出众多令人难忘的人物形象。主要作品有《匹克威克外传》《艰难时世》《雾都孤儿》《大卫·科波菲尔》《老古玩店》《小杜丽》《艰难时世》《荒凉山庄》《我们共同的朋友》《写给孩子看的英国历史》等。一百多年来他的代表作《双城记》在全世界深受广大读者的欢迎。1870年6月9日，狄更斯因脑溢血与世长辞。

4. 培养孩子的注意力

注意力是智力的重要部分。同时，还是观察力、记忆力、想象力、思维力等其他智力因素的必要条件和先导，如果没有注意力，人就听不到、看不见，无法回忆，难以思考。有了良好的注意力，就好比是打开了心灵的天窗。要塑造聪明的孩子，必须开启孩子的心灵之窗。

注意力集中是诺贝尔获奖者非常显著的特征。教育家乌申斯基说："注意是唯一的门户，只有经过这个门户，外在世界的印象……才能在心里引起感觉来。如果印象不把我们的注意力集中在它身上，那么虽然可以影响我们的肌体，但我们是不会意识到这些影响的。"

大脑思维具有"指向性"和"集中性"的特点。指向性使人的心理活动在每一瞬间只反映一定的事物，集中性使外界事物在人脑活动中可以获得清晰的、深刻的反映。人在同一时间不能感知周围的一切事物，对于少数事物感知很清晰、很完全，对于另一些事物就很模糊，甚至毫不在意。因此，注意力越集中，感知越明确，它的痕迹也就越深刻，越能巩固地保持下来。

其实，专注力只是注意的一个方面。良好的注意还有广泛性、分配性和转移性等品质。它们都是个人能力的重要制约因素。例如，做实验、听课，都需要注意的四个因素互相协作。

注意力的集中与注意力的转移并不矛盾，而是彼此依赖、互相促进的。只有当注意力能主动、灵活地转移时，注意力的集中才有意义；当注意力转移之后，它又能立刻集中起来，这样的转移才有价值。因此，必须主动支配自己的注意能力，善于及时地把注意力转移到当时所需要注意的对象上去。另外，当孩子对一个对象的注意已经保持到一定的时间而感到疲劳的时候，就应当有意识地调换到一个新的注意对象上。

总之，注意力对人的记忆是非常重要的。所以，高度的注意力，是保证良好记忆的重要条件之一。

只有聚其精，会其神，孩子才能取得成功。而孩子能否集中精力则与父母的教育、教养的态度和方法分不开的。正所谓，成功孩子的背后总会站着伟大的父母。因此，要想提高孩子的学习成绩，培养和开发他们的智力，第一步就要注意培养和训练他们的注意力，养成专心致志的习惯。要不然，其他的训练只能是事倍功半，甚至徒劳而无功。我们给父母们的建议是：

好素质是这样养成的

●**培养孩子善于集中自己的注意力**。这对任何一种劳动,尤其是脑力劳动具有很大的意义。能做到注意力集中的儿童,不但完成作业比较快,而且完成得比较好,效率高。那些作业马虎、粗枝大叶的孩子主要是因为注意力不够集中,没能仔细地看准习题的要求和提供的条件。而且,善于集中注意力的孩子学习起来比较省劲,效果比较好,也因此有更多的时间来休息和娱乐。

●**给孩子一个安静整洁的学习环境**。孩子的书桌上除了文具和书籍外,不应摆放其他物品,以免分散他的注意力;抽屉柜子最好上锁,免得他随时都可能打开,在没完成作业的情况下去清理抽屉;书桌前方除了张贴与学习有关的如地图、公式、拼音表格外,不应张贴其他吸引孩子注意力的东西。女孩的书桌上也不应置镜子,这会使她有时间顾影"自美"或"自怜"。更不能允许孩子一边看电视,一边做作业。

●**要求孩子在规定的时间内完成作业**。如果作业太多,可以分段完成。有的父母因为孩子的注意力不够集中而在旁边"站岗",这不是长久而行之有效的办法,因为长期这样,会使孩子产生依赖心理。此外,孩子的注意力跟孩子的情绪有很大关系,因此父母应该创造一个平和、安宁、温馨的学习环境。声音嘈杂的环境,杂乱无章的屋子,不正常的家庭生活,所有这一切都严重地影响着孩子的注意力。同时,父母应该了解,能否集中注意力也与孩子的年龄有关。研究表明,注意力稳定的时间分别为:5~10岁的孩子是20分钟,10~12岁的孩子是25分钟,12岁以上的孩子是30分钟。因此,如果想让10岁的孩子60分钟坐在那里去专注地完成作业几乎是不可能的。

●**让孩子在一定时间内专心做好一件事**。常听有些父母说:"我的孩子做事效率低,做作业动作慢,一边写一边玩。"父母要注意培养孩子在某一时间内做好一件事的能力。对于家庭作业父母要帮他们安排一下,做完一门功课可以允许休息一会儿,不要让孩子太疲劳。有些父母觉得孩子动作慢,不允许孩子休息,还唠叨没完,使他们产生抵触心理,效果反而不好。

●**对孩子讲话不要总是重复**。有些父母对孩子不放心,一件事总要反复讲几遍,这样孩子就习惯于一件事反复听好几遍。当老师只讲一遍时,他似乎没听见或没听清,这样漫不经心的听课常使得孩子不能很好地理解老师讲的内容,无法遵守老师的要求,自然也就谈不上取得好的学习效果。父母对孩子交待事情只讲一遍，是培养孩子注意力的一种方法。

●训练孩子善于"听"的能力。"听"是人们获得信息、丰富知识的重要来源。会听讲对学生来说是相当重要的，因为老师多半是以讲解的形式向学生传授知识。父母可以通过听来训练孩子的注意力，比如父母可以让孩子听音乐、听小说，鼓励孩子用自己的话来描述听到的内容，从而培养专心听讲的好习惯。

5. 培养孩子丰富的想象力

想象包括世界上的一切，是知识进化的源泉。想象是创造活动的基础和先导，是激励创造活动，产生科学的假说的源泉。客观实际是科学创造的空气，想象力则是科学创造的翅膀。

想象，是人脑在改造记忆表象的基础上创建新形象的心理过程，也是以往经验中已经形成的暂时的联系重新结合的过程。正如爱因斯坦所说："想象力比知识更重要。因为知识是有限的，而想象力包括世界上的一切，推动着进步，并且是知识进化的源泉。"

弗里德里布·贝吉乌斯自幼常常突发奇想，而且他的奇特想法往往令人惊诧。在得不到人们的理解时，他唯有沉默与奋斗。正是这种大胆想象的精神，使他成为举世闻名的高压化学的开拓者，并获得了1931年诺贝尔化学奖。贝吉乌斯有句名言："天下事无不可为，何以有些人的作为与另一些人完全不同，其差别即在最初的想象和憧憬不同。"

那么，如何让孩子张开想象的翅膀呢？

首先，给予孩子思想和生活的自由，尊重其想象的权利。鲁迅先生曾经说过："孩子是可以敬服的，他常常想到星月以上的境界，想到地面下的情形，想到花卉的用途，想到昆虫的语言；他想飞上天空，他想潜入蚁穴……"可以说，想象是孩子的天性，当然也就不能不想象。因此，家长在管教孩子的时候首先应想到他是个孩子，他是个独立的人，他有自己的思想和生活，鼓励孩子大胆地做自己喜欢做的事、大胆地说出自己愿意说的话，这样他才能够展开想象的翅膀，在想象的王国里翱翔。

其次，发展和保护子女的好奇心，鼓励孩子大胆地想象。好奇心是发挥想象力的起点，是孩子的想象力展翅飞翔的促发剂。孩子是世界的新客，他对周围世界的一切都感到好奇，周围事物吸引着他，激发起他探索的愿望。爱迪生小的时候妈妈得了阑尾炎需要手术，当时是夜间，几支蜡烛的灯光很暗，爱迪生想了一会儿，忽然想到"镜子反光可以增加亮度"，于是借来几面大镜子，利用镜子的反光让医生把手术做了下来。

现在我们的孩子到街上看到交通拥挤，他会说出使家长惊讶的话："为什么这么多人？错开时间上班不就解决问题了吗？"有的孩子遇到下雨时会问："天为什么现在下雨？能不能想叫它下雨它就下雨？"有的家长对孩子的提问采取敷衍塞责的态度，甚至训斥孩子，这很容易伤害孩子的好奇心和求知欲，家长们千万不能做这种愚蠢的事情。

第三，对子女进行想象训练，提高其想象的广阔性和新颖性。想象力不仅可以在生活中逐渐培养，也可以进行专门的训练。近年来西方国家普遍应用朦胧法训练儿童少年的想象力，其方法是让儿童在朦胧状态下（似乎明白又不明白）对于感知对象大胆猜想、假设。如，家长在带孩子郊游途中可以指着云雾缭绕的山向孩子发问："那块石头像头怪兽吗？那棵桦树的长枝像条龙吗？"

第二章 开发孩子的智力

利用故事训练儿童的想象力是我国家庭教育的传统做法，具体方法很多，这里仅举几例：一是给孩子讲故事。选择一些生动有趣的故事讲给孩子听，他会在听故事的过程中随着情节的发展而对人物的命运、事情的结局进行猜测和想象。二要孩子续故事。当故事讲到某一关键情节或即将结束的时候停下来，让孩子想象接下去会出现的情况。三要孩子编故事。让孩子根据图片示意或已知故事编出新的故事。

猜谜语也是一种传统的训练想象力的方法，猜的对象有物体、事件，也有文字、数据等，如猜物："说花不是花，说桃不是桃，身穿青皮袄，肚里长白毛"；猜字："千里来相见，心儿紧相连。"这些需要孩子抓住特征进行联想。

第四，引导孩子积累生活经验，使其建立丰富的表象储存。感性经验丰富，才能想象丰富，没有知识与经验的想象只能是毫无根据的空想，或者是漫无边际的猜想，只有扎根在知识与经验中的想象，才能闪耀思想的火花。一个人知识和经验的多少，信息储备的多少，对于想象的广度和深度有着重要的影响。但并不意味着想象力与知识经验成正比。须知，缺乏独立思考，满足已有知识的人，则将压抑想象力。

在塞尔玛·拉格洛夫小时候，她的祖母和奶妈总是带她去看春天的花草、秋天的果实，夏天带她去看河沟的小溪。而当她寂寞时，总给她讲祖辈流传下来的各种故事。那神秘的原始森林，开满鲜花的湖畔，美丽的仙女，施魔法的妖精以及聪明勇敢的小动物，总引起她丰富的联想，把她带入神话般的境界。这些促进

好素质是这样养成的

了小拉格洛夫想象力的突飞猛进。也正是根据自己无穷的想象力,她创作了珍贵的文学作品,并因此摘取了1909年的诺贝尔文学奖。

最后,发展孩子的创造性想象力,教给其捕捉灵感的本领。创造性想象力是人们进行创造性活动的基本条件,家长应特别注意培养。而培养创造性想象就不可忽视灵感。灵感的出现常常是突然的,出其不意的。人在灵感状态时,他的意识十分清晰,创造热情十分活跃,工作效率也极高。灵感通常是长期思考之后,由于某种原型的启发或者思维方式的改变而产生,如古希腊科学家阿基米德为鉴定王冠的含金量苦苦思索,终于有一日他在浴池洗澡时从溢出的水量中悟出了比重的道理。为此家长在引导子女思考过程中要注意从方位、多角度进行想象,并且能借助原型从中受到启发。

6. 培养孩子敏捷的思维力

学习知识要善于思考、思考、再思考。获诺贝尔奖的科学家都是靠这个学习方法成功的。由于心理冲动的影响,人类的思考倾向于模糊、急促、狭隘和散漫。但是,思考是一种技能,我们可以加以培养和开发,否则它们就枯萎了。思维力,也就是思考力,是指人脑概括地间接地认识客观事物的能力。思维可以粗略地划分为具体形象思维和抽象逻辑思维。但通常人们讲的思维就是抽象逻辑思维,它借助于语言工具,对丰富的感性材料进行分析、综合、判断、推理,以达到对事物的本质的认识。

查尔斯·纪尧姆(1920年诺贝尔生理学奖获得者)小的时候,有一天,母亲带着他到国际度量衡局参观。讲解员在讲述米尺和千克重原器如何精确、如何稳定之后,满以为游人一定会为之惊叹,说上几句赞美的话。然而,就在这时,小纪尧姆严肃地问道:"在任何情况下,这公尺总是这么长吗?这些年来这标准米尺连一丝一毫的变化也没有吗?"

讲解员被一个小孩子问住了，一脸的尴尬；纪尧姆的妈妈急忙把儿子拉走。大人们对这件小事并没有在意，认为小纪尧姆问过就算了，然而在他的心灵深处，已经萌发了要解决这一问题的念头，随着岁月的推移，这种念头越来越强烈。后来，纪尧姆成了国际度量衡局的局长，为度量衡的国际化、标准化和统一化作出了杰出的贡献。

良好的思维力有以下五种品质：广阔性，即善于全面地思考问题；深刻性，即善于深入地思考问题，抓住事物的本质与规律；独立性，即善于独立地提出问题和解决问题；逻辑性，即思维过程中严格遵守各种思维规律，作出富有说服力的结论；敏捷性，即善于迅速而正确地处理各种问题。

首先，引导子女开阔视野，丰富其思考的源泉。 人们在思维过程中，分析问题和解决问题，都是与其知识水平与经验分不开的。一个毫无医学知识的人，是看不出病人的病情病症的，也无法找到解除病症的方法。

马克思是一位伟大的思想家，他的战友法拉格曾这样描绘马克思的博学多识："马克思的头脑是用多得令人难以置信的历史以及自然科学的事实和哲学理论武装起来的，而且他又是非常善于利用他长期脑力劳动所积累起来的一切知识和观察的。无论何时，无论任何问题都可以向马克思提出来，都能够得到你所期望的最详尽的回答。"

因此，家长要鼓励孩子刻苦学习，广泛吸收知识。知识面越宽，知识量越多越有利于思考问题。

第二，要经常启发孩子思考问题，培养其独立思考的习惯和能力。 思维总是由解决问题引起的，并且解决问题的迫切性越强，思维也就越活跃。养成打破砂锅问到底的精神，是促进思维能力发展的重要条件。多数孩子还没有自觉思考的习惯，家长应当经常向他们提出问题，并引导其进行积极的思考。

第三，对孩子进行思维训练，培养其具备优良的思维品质。 对于家庭教育来说，培养孩子的思维能力，除了依靠家长在生活中的启发、指导外，还有必要开展一些专门的活动，训练孩子的思维能力。我国古代就有诗、对联、拼七巧板等训练儿童思维的方法，现代欧美国家训练儿童智力的玩具和方法更多。现在市场上有关训练思维能力的书籍、玩具不少，家长可以根据情况选择几种用于自己的孩子。

第四，让孩子经常进行分析、综合、比较、判断、推理、概括活动，指导其掌握思维的方法。 幼稚期是孩子由具体形象思维向抽象逻辑思维过渡的时期，他们思考问题时不免显得幼稚。对此，不能过于着急培养推理能力，可以给孩子讲一些侦破故事，如福尔摩斯的小说，它情节曲折，扣人心弦，容易激起孩子的判断和推测。思维方法是非常重要的，家长也应该结合实际给孩子介绍经验，如解四则混合运算应用题的有些方法孩子掌握不了，家长就要结合题目给孩子解释其中的奥秘。

在培养孩子的思考力的过程中，由于孩子自我意识的发展，成人感的产生，导致思维具有很强的反逆性，即逆向思维，这种思维对已有的现象和事物的结论进行反向的思考，往往得出与原来相反的结论，有些家长会认为这是"大逆不道"。诚然，如果孩子的思维总是停留在一个方向上，就很难产生积极的、富有创造性的思维成果，也不利于智力的发展。但不能就此否定这种思维方式。大物理学家牛顿的成就与其思维的反逆性非常密切，正是少年具有"树上的苹果熟了，为什么不往天上掉"的奇想使他后来发现了万有引力定律。因此家长应该正确看待孩子思维的反逆性，珍视孩子这一珍贵的思维品质。

此时，孩子的思维的判断性也有了较大发展，喜欢怀疑、争论、辩驳。家长应珍视这一思维品质，绝不能因为他们常常提出不同的或者反对的意见，就认为是故意同自己作对，因而斥责和压制他们，对孩子过激、片面的观点加以耐心的说服是必要的，但切忌嘲笑和斥责他们，这样才能保护他们的自尊心，激励他们积极的思维。

知识链接

良好的思维力有以下五种品质：广阔性，即善于全面地思考问题；深刻性，即善于深入地思考问题，抓住事物的本质与规律；独立性，即善于独立地提出问题和解决问题；逻辑性，即思维过程中严格遵守各种思维规律，作出富有说服力的结论；敏捷性，即善于迅速而正确地处理各种问题。

第三章
发挥自己的能力

1. 形成、发展良好的人际交往

一、人际交往的意义

人际交往是社会的一种基本现象，人只有在交往中才能从一个自然人变成一个社会人。

（1）能帮助了解个体

中国人说，旁观者清，当事者迷。一个人很难直接观察自己，也很难准确感觉自身行为是否得体，很难客观评价自身能力的高低，所以需要以别人对自己的反应作为一种衡量的参数。我们必须与其他人建立关系来了解自己，增强良好的感觉。

除此以外，我们还能在观察自己与其他人的相互作用中了解自己。例如，你也许以为自己是个开朗而善交际的人。然而，当你同一群人在一起时，你会发现，这些人个个都比你能说会道，你或许觉得自己只配做个洗耳恭听者。可是，当你同较知心的朋友交谈时，你却发现自己是那样的巧舌如簧，简直成了"一言堂"。这种相互作用为你了解自己提供了有价值的信息。

（2）是调节情绪的重要途径

每个人都会有情绪的波动。有时会觉得干什么都不顺利，很想找人交换一下意见。这时，如果能进行顺畅的交流，往往会使人在心理上和社交方面达到和谐。

（3）使人获得积极的经验

我们之所以进行人际交往，目的在于想充分获得积极的经验，尽量减少消极的教训。交往关系能否继续维持，取决于交往双方能否从这种关系中获得更多的好处，而不是付出更大的代价。在这里，代价指的是为了建立关系而花费的时间，为了发展关系所消耗的能量，以及由于关系和社交的不协调所造成的心理压力。而好处指的是人的身心成长、自我价值感的增强、个人难以胜任的工作的完成以及处事能力的提高。

我们是否打算改变关系，这取决于我们对关系带来的好处和代价所作的分析，当付出的代价超过获得的利益时，我们会促使关系破裂；而当关系带来的好处超过代价时，我们又会迅速采取行动来发展这种关系。总之，人与人之间的关系总是处于一种变动状态之中的，有时，关系会进展迅速，一帆风顺；有时，关系又会很快走向破裂，不欢而散。关系的变化有时起因于交往的一方或双方，有时则起因于外在的力量。

二、人际交往的特点

（1）从自身开始

一个人所进行的交往活动，时刻都受到一个人自身的地位、经历及心理因素的制约。在与他人交往中所使用的语言，所采取的态度及所表示的情感和观点，都将反映出一个人特有的背景和经历。

（2）是一种相互沟通

交往双方在进行意见、感情等的交换时，二者既是接受者，又是发出者，彼此相互影响。任何一方或双方的封闭或停止沟通，都可能导致交往的中断。

（3）包括内容和交往者之间的相互关系

例如，一家人出入社交场合。你活泼型的父亲表现过头，而你的弟弟也令人不满，当你提醒他们注意时，你的语调和态度显然是不同的，它可表明你与前两种交往对象的不同关系，虽然信息内容是一样的，都是提醒他们注意分寸。

（4）交往者在空间上的相互接近

人与人之间的交往总是伴随着平等地参与和相互影响，而这只有在交往者互相接近的情况下才有可能。另据心理学研究结果表明，人们在交往中彼此对对方的印象95%取决于非言语因素，即双方的行为、举止、眼神、神态、某些有特点的动作，只有5%由双方的言语因素决定，这就更要求交往者缩短彼此在空间上的距离，以利于非言语因素的表达。

（5）既不可回转又不能重复

你不妨回想一下你曾经与要好的朋友发生过的争执，你也许说了一些后来感到很懊悔的话，你甚至会对其他人说，你当时说的话并不是那个意思，或者想"把它收回"。但遗憾的是，对交往中出现的这种事情，我们却不能像对不满意的录音磁带那样——倒转磁带，洗掉录音。对交往中出现的错误，我们可以原谅别人，也可以原谅我们自己，却不能抹掉错误。

同样，我们也不能重复交往过程。或许大家曾有这样的体验：当我们按照某种设想去约见自己的朋友时，对方的态度、言语、交谈内容很可能会改变我们预先准备好的表达方式，使我假想的约见情景受到干扰，产生变化。

三、人际交往的规则

要想形成和发展良好的人际交往状态，广结人缘，受人欢迎，必须恪守以下几条规则：

（1）平等是人际交往的前提

心理学研究显示，人都有友爱和受人尊敬的需要，这种需要就是平等需要。没有人会真正愿意与那种妄自尊大、趾高气扬、藐视他人的家伙交朋友，沟通感情。

（2）互利互惠是人际交往的润滑油

正如交往的意义所指明的那样，人与人之间的交往是以充分地获得人生经验、获得自身的发展成长为目的的。在交往中，交往双方均希望为对方所关心、所注意，均希望得到对方的支持和帮助。倘若交往者仅仅关注自己的需要，单方面想得到好处，而不愿意为他人做出丝毫奉献，提供任何帮助，则双方的关系一定难以持续，更不可能有所发展。

（3）信用是人际交往的基石

在人与人的交往中，信用是非常重要的。只有那些"一诺千金"的人，别人才敢相信他，才愿意与他进行交往。相反地，常常失信于人的人必然引起他人的反感、厌恶，阻碍交往正常进行。

（4）宽容是人际交往的黏合剂

在人际交往中，最要不得的是互相之间斤斤计较、患得患失，对对方抱有求全责备的倾向，难以容忍对方的丝毫缺点。这常常是人际关系破裂的重要原因，凡是愿意改善交往状态，拥有更多朋友的人都要学会宽容。在交往时应做到：将心比心，善解人意；大事清楚，小事糊涂；严于律己，宽以待人。只有这样，才能使更多的人聚集在自己身边。

四、人际交往应具备的心理素质

斯宾诺沙曾说："我会除去一切让我感到恐惧的任何东西和一切影响心理情

绪的所有场合，如此才能找到真正的自我。"恐惧来源于怯懦和自卑，它是培养交往能力的最大心理障碍。拥有自信是人际交往中所必须具备的心理素质，它体现着一个人的意志和力量，牵制着人的思想和言谈举止。我们在交往中会遇到各种各样的人物，各种各样的场面，若想应付自如，首先要有坚定的自信。如何在人际交往中培养自信心呢？

（1）怀着强烈的信念

信念是人类征服一切的无形而有力的工具，一个胸怀远大目标的人会为之全身心努力达到忘我的状态，这一状态正好孕育着一个真正自我的诞生。

（2）充分肯定自己

拿破仑有句名言："我的字典里没有不可能。"在与人交往时，要经常意识到，你拥有人所共有的一切天赋，并且拥有某种特点和优势，要尽可能摒弃"不可能"的意念。富有经验的推销员告诉我们，当你的心目中有了一个能够彻底肯定自己的信念时，和对方交涉的成功率必然很高。

（3）主动去评估对方

对对手的实力估计过高会使自身不战而栗，这实际上已经注定了失败的命运。对手实力尽管超过自己许多，但如能在心理上保持与之平等的心态而发挥潜能，天平的倾斜方向便很难预料。如果你时时在意对方的评价，在心理上便总会有沉重感而压抑自己的行为。相反，你如果去观察对方的表情、服装和举止，找出缺陷，由受评估的被动者转为评估他人的主动者，产生与对方对等的心理关系，厌烦和紧张感便会逐渐松缓，最后悄然而去。

（4）主动进攻

当你初次与人见面时，主动打招呼，强有力地握住对方的手，开个无伤大雅的玩笑，紧张感便可烟消云散。

（5）幽默与自嘲

幽默感是克服怯场的良药。当你因怯场而发挥失常时，为不使自己陷于失败的懊丧之中，超然于自我之上的自嘲娱人，可迅速使自信心重新回到你的身边。

（6）美化仪表

爽洁得体、考究入时的装扮，不仅显示出一个人的精神状态，也能使人在自我完美中得到心理上的满足，自信心会油然而生。

五、损害人际交往的心理障碍

在人际交往之中，有许多心理因素妨碍着人与人之间的关系，成为交往双方的心理障碍。其中最突出的是嫉妒、猜疑、羞怯、自卑等，这些不同形式的心理障碍。给人际交往造成了不同程度的危害。

（1）嫉妒——人际关系的毒瘤

嫉妒是在现实生活中的一种极端消极和狭隘的病态心理。莎士比亚曾形象地比喻道："嫉妒是绿眼妖魔，谁做了他的俘虏，谁就要受到愚弄。"说得通俗些，嫉妒是对与自己有联系，而又强过自己的人的一种不服、不悦、失落、仇视，甚至带有某种破坏性的危险情感。看到与自己有联系的人取得了比自己优越的地位或成绩，便产生一种偏狭的忌恨心理；当对方面临或陷入灾难时，就隔岸观火、幸灾乐祸。在这种狭隘情感的支配下，人们往往借助造谣、中伤、刁难、穿小鞋等手段贬低他人，安慰自己，以求得心理上的满足。这种消极的心态，将产生人际间严重的内耗，其结果不是把人向前推进，而是把人向后拉倒。

由此不难看出，这种由于忌恨他人而不讲条件、不择手段，一味地与别人进行攀比的消极心理，是一种增加人际隔阂，影响人际沟通，妨碍正常交往的病态心理。而这种病态心理对建立和谐的人际关系有很大的破坏作用。因此，应主动地消除这种狭隘情感，坚决抵制这种消极心态的滋生和蔓延。

那么，嫉妒主要有哪些特点呢？

①针对性

正如培根指出的那样："人可以允许一个陌生人的发迹，却绝不能原谅一个

身边人的上升。"嫉妒作为一种社会的消极现象,一般都有其明确的指向性,也即指嫉妒往往具有一定的区域和范围,与嫉妒者没有联系,没有利益冲突的人,一般不会遭致嫉妒。

②对等性

嫉妒的对象往往是和嫉妒者的职业、层次、年龄相似而超过自己的人。一位公司总经理是不大可能嫉妒其手下的小员工的。

③潜隐性

嫉妒有时可以埋藏在一个人的内心深处,而并不体现出具体的行动来。也就是说,嫉妒既包括其内隐机制,又包括其外显行为。从这种意义上说,嫉妒之心,人皆有之,不过强弱程度不同罢了。但倘若这种心理活动太强,冲破理智的束缚,就转化成嫉妒行为了,这时,往往会对嫉妒对象采取不择手段的贬抑行为。

一般来讲,人的嫉妒心理,大多都未体现出来,隐藏得比较深。而且,即使体现出嫉妒行为时,往往也进行得比较隐秘。所以,人的嫉妒现象往往都有一定的潜伏性和隐秘性。

嫉妒既然是现代人际关系的一大心理障碍,因此应对嫉妒心理进行积极控制。

首先,当别人强于我们时,我们应觉得这是不奇怪的现象,要接受别人的现状,客观地对待别人。在理解并接受他人的同时,还应接受自己、适应自己。只有在理解别人,把握自己的前提下,才能保持冷静的头脑,减少嫉妒心的滋长。

其次,还要有博大的胸怀,有容人之量。一般来讲,嫉妒心强的人,往往心

胸狭窄，容不了别人强出自己之处，因此，我们要打破这种自私的狭隘心理，要坚信"心底无私天地宽"。当别人强过自己时，应保持乐观的情绪，通过公平竞争，追赶别人，甚至超过别人，千万不能给别人穿小鞋，使阴招。

（2）自卑——人际关系的隐形屏障

个体自卑感的形成和一个人儿童时期的人格是否健康发展有一定联系，但主要还是社会环境长期影响的结果。例如，有的是因为自己经常受挫而受到过多的指责和惩罚造成的；有的是自己的成绩长期得不到认可和赞许造成的；有的则是在家庭中遭到父母的长期训斥或是教育不当、父母离异等原因造成的。上述等情况都容易使人产生一种失落感，从而形成自卑心理。因而，创造良好的社会环境、改善教育方法，乃是消除自卑感，增强人们自强、自信的有效途径。

人们应如何克服自卑感呢？

首先，应该对自己有信心。具有自卑感的人，大多对自己失去了信心。一个人一旦失去了自信，他便在交往中显得茫然不知所措，虽然内心也有渴求交往对象理解的需要，但总是担心，害怕受到拒绝和耻笑，进而自我贬低。因此，要想克服自卑心理，首先要找回丢弃掉的自信心。

其次，从小事做起，注意成功的积累。一般来讲，自卑常伴随着失败的感受，自信常伴随着成功的体验。要想消除自卑，树立自信，必须要经历一些成功的积累。只有经历了成功，哪怕是小小的成功，才能为克服自卑、树立自信奠定基础。

（3）羞怯——人际关系的绊脚石

羞怯心理是绝大多数人都会有的一种消极心理。具有这种心理的人，往往在交际场所或大庭广众之下羞于启齿或害怕见人。由于过分的焦虑和不必要的担心，使得他（她）在言语上支支吾吾、行动上手足失措、瞻前顾后。长此下去，会变得越来越羞涩，越来越自卑，既不利于自我完善，更不利于同他人正常交往。

有这样一个个案：约翰现年已42岁，仍孤身一人。一次，他和朋友参加周末舞会，朋友在舞池中游刃有余，可约翰仍呆呆地站在原地。朋友问他为什么不请一位女士跳舞，约翰说自己舞姿太差，一般女士肯定不会同他跳的。经再三鼓励，约翰终于鼓起勇气，做了一个深呼吸，慢慢走近一位女士身旁。过了一会儿，约翰垂头丧气地败下阵来，朋友问其原因，约翰异常失望地说："我得回去了，这儿没一个女士会同我跳的！刚才那位女士说，她刚跳完，有点累，这不是有意给我难堪吗？"约翰总是把别人看成是自己的"判官"，干任何事一开始就担心失败，失败一次成为一种负荷，再失败，再加上一个负荷，以致终于被压得毫无生机了。可见，过分的羞怯心理会使人在自我否定、自我责备的心态中断送机遇。

（4）猜疑——人际关系的暗礁

猜疑也是人际交往中的一大忌，是人际关系的一大心理障碍。具有这种消极心理的人，往往难辨真假，疑心重重，无事生非。

猜疑，往往是毫无根据地乱起疑心。大凡猜疑心强的人，往往仅凭自己的个人主观猜测，以主观想象来以己度人。持有这种消极心理的人，往往带着有色眼镜看人，在他们看来，人性都是虚伪的、丑恶的东西。在这种思想的支配下，他们总是处处小心别人、防范别人，戒备心非常强，有时甚至口是心非。由于猜疑心强的人，往往心胸狭窄、疑神疑鬼、虚伪做作，所以周围的人际关系环境便与他格格不入，其结果是既不利于他人，又不利于自己，有的最后还引火烧身、众叛亲离。

可见，猜疑是阻碍人际沟通和理解的一大障碍，它是现代人际关系的暗礁。

猜疑心理是一种狭隘的、片面的、缺乏根据的盲目想象，正如培根所说的那样："猜疑心犹如蝙蝠，它总是在黄昏中起飞。这种心情是迷陷人的，又是乱人心智的。它能使你陷入迷惘，混淆敌友，从而破坏人的事业。"在人际交往中，我们必须防止和克服这种消极心理的滋长和蔓延。

（5）自私——人际关系的一大障碍

人际关系中的自私心理，既是阻碍人与人沟通和理解的一大障碍，也是影响建立和谐的人际关系的一大障碍。

怀有这种消极心理的人，持有"人不为己，天诛地灭"的价值导向，事事从私欲出发，为满足自私心理，甚至可以不择手段。在他们看来，人与人之间的关系就是赤裸裸的金钱关系或相互利用关系。

法国著名作家巴尔扎克笔下的葛朗台为了聚积财富，不顾女儿的幸福，不顾夫人的生命安危，他的行动指向的目标只有一个，那就是金子，全然不顾亲情。

可见，自私——这一鄙劣的品质，无疑是现代人际关系的一大障碍，"它就像无底的袋子，要吞下生活中的所有财富。"自私，不仅损害了社会的利益和他人的利益，而且最终也使得自私者本人遭受到应有的报应和惩罚。

六、人际交往的技巧

一个人是否有人缘、是否善于和人打交道、是否可以按照自己的愿望广交四方友、处处受欢迎，这些不只取决于这个人自身所具有的性格、气质，而且在很大程度上还决定于我们是否掌握了切实有效的交往技巧，是否能够坚持按照一些交往的原则和方法在生活实践中经常练习和运用。很多事实表明，只要怀着改善人际关系的强烈愿望，遵循人际交往的一些基本原则和技巧，并且把这些原则和技巧化作交往习惯，那么，无论我们现在面临多么糟糕的人际交往状况，相信或许一年、或许半年，甚至三五个月之后，我们的人际关系将产生令人惊异的变化。

（1）真诚地赞美别人

美国有位哲学家詹姆士曾说："人类本质中最殷切的需求是渴望被肯定。"他不用"希望""盼望"，而用"渴望"这个词，足以说明这是人们极为需要的。

人们对于渴望被肯定，绝不亚于对食物和睡眠的需要。人们渴望被肯定的本质说到底就是"渴望被重视""渴望伟大"。

在美国，由于渴望伟大，一个未受过高等教育、极度贫困的杂货店店员，争分夺秒地研究他花费五角钱买来的法律书，后来在经过近20年、共计17次的惨痛失败后，他终于成为一名律师乃至总统，他的名字叫林肯。

但有些人则由于几近变态地渴望伟大而在遭受挫折后精神失常。一位著名的精神病医师承认：许多人由于不能在现实生活中"被肯定"，因而他们到另一个世界去寻求。例如，有一个女人渴望得到爱情、得到孩子、得到社会地位，可是她的丈夫却抛弃了她。于是她患了精神病，在想象的世界里，她相信自己同一个白马王子结了婚，她对医师说，昨天她生了男孩。

既然人们渴望被肯定，为了搞好人际关系，我们就应该努力给人以这些，这能帮助你建立顺畅的人际交往。当然，我们没有汽车、金钱、地位给别人，但却能给予别人所需要的东西，这就是"给予别人真诚的赞赏"。它是使人向上的催化剂，它能使人朝气蓬勃，它是挖掘人们内在潜力的最好铁锹。

美国著名的企业家夏布说过："促使人们自身能力发展到极限的最好办法，就是赞赏和鼓励……我喜欢的就是真诚、慷慨地赞美别人。"如果我们真心诚意地想搞好人际关系，就不要光想着成就、功劳，别人是不理会这些的，而需要去发现别人的优点、长处、成绩，然后不是虚情假意地逢迎，而是真诚地、慷慨地去赞美。

（2）热情地为别人着想

平时总要与人打交道，总要办事情，如果开门见山地提到我们的需要，错不错？当然不错。你注意的是你的需要，别人也和我们一样，注意他自己的需要，这能不能影响别人？不能，十有八九要失败，事实上只有一个办法可以影响别人、左右别人，那就是先想到别人的需要，提到别人的需要，尽力满足别人的需要。

不知你钓过鱼没有。钓鱼时为了让鱼上钩，就要先了解鱼最爱吃的是什么？是蚯蚓，好！我就用蚯蚓作诱饵。如果你不考虑鱼的需要，而用铁片、石头、或其他的东西作诱饵行不行？肯定不行！打老鼠时，为了让老鼠上钩，必须先在铁夹子上放些老鼠想吃的东西，否则老鼠就不上钩，你的目的也就达不到。

许多人烟瘾很大，但是抽烟既花钱又毁身体，如果讲道理让人戒烟，解决不了问题。想让人戒烟就要迎合抽烟人的需要，使他们自己认识到危害才行。有个人抽烟很厉害，因为心脏病住进医院，在病床上还是离不了烟。医生告诉他："如果你想活下去，必须把烟戒掉。"医生的话对他触动很大，于是他毫不犹豫地戒了烟。因为他通过亲身经历，感到一个人的生命比起抽烟来重要得多。

通过上面的事例可以看出，影响别人的方法就是处处为别人着想，看他们需要什么，然后满足他们的愿望，凡能这样做的人就能左右逢源，始终处于不败之地。当然，在考虑别人时，请相信这样的观点："成功的人际关系，在于你捕捉对方观点的能力。"

（3）脸上永远带着微笑

有这么一首诗，名叫"美的价值"，诗中写道：

它不费什么，但产生许多；

它使得者获益而给者不损。

它产生于瞬间，而对它的记忆有时永远存在。

贫困的人需要它，而富裕的人也同样需要。

它是朋友间友谊的普遍标志。

它能使疲倦者得到休息，使失望者得到阳光。

它使人快乐，给人温暖。

它是大自然解除患难忧虑的良药。

它又是人们中长寿者的诀窍。

如果需要让人喜欢，就应该真诚地把它奉献。

美国成人教育家卡耐基讲微笑这一课时，要求学员学了就用，每天要坚持对人微笑，然后让学员到课堂上报告结果。有个中年学员说："我过去对妻子很少说话，更谈不上微笑，我觉得自己是脾气最坏的一个人。后来我按要求每天照镜子，将沉闷变为微笑，吃早饭时对妻子微笑，下班后回到家里仍对她微笑。时间虽短，却发生了令人吃惊的效果，妻子迷惑、惊异，她不知道我怎么一下子变了。"中年人接着说："我每天这样做，坚持了两个月，家庭中得到的快乐比过去一年中得到的快乐还多。现在，我已养成了微笑的习惯，而且我发现人人都对我微笑，过去冷若冰霜的人，现在也显得热情友好起来。"

有人说，我从来就不会微笑怎么办？这里有两个方法供你参考。首先要强迫自己微笑，单独一个人时，吹吹口哨，唱唱歌曲等。其次要经常做出快乐的样子。你快乐地行动、快乐地说话，就像快乐已经在那里一样。世界上人人都寻求快乐，而快乐的人是经常面带微笑的。

对人微笑是一种文明的表现，它显示出一种力量、涵养和暗示。对同事、对父母、对生活、对困难微笑，这样久而久之你就会领略到一个美好快乐的精神世界。你自身也会充满信心、精力旺盛、身体健康，成为一个勇敢、诚实、快乐的人。

（4）牢记别人的姓名

我们及我们自己的名字是否重要？可以肯定。当拍一张集体照片时，照片到手以后，最先注意到的是谁？是我们自己。别人的感觉也是一样的。如果注意到这一点，并牢记别人的名字，则会受到别人的欢迎。

美国历史上的一位民主党主席吉姆就是例证。这个人没有上过学，更谈不到受过教育，但是他有讨人喜欢的本领——记忆人名的能力。他在46岁时，有4所大学授予他学位。吉姆靠着熟记5万人的名字而显赫于众。他发现，一般人对自己的名字极感兴趣，如果你能记住并轻而易举地喊出，那么，你就对他有了巧妙而最有效的赞赏，如果你忘了别人的名字，那么，交谈中就会使自己处于不利的地位。

原美国总统罗斯福也有记忆人名的惊人能力。有个汽车公司专门为罗斯福制造了一部特别汽车。公司经理张伯伦回忆说："总统看着汽车非常愉快，他叫着我的名字使我至今不忘。当我把机械师介绍给总统时，总统只听过一次他的名字就牢牢记住了。"几年后，当张伯伦带者机械师再次见到总统时，罗斯福热情地和他们握手，亲切地叫着他们的名字，这使张伯伦和机械师兴奋异常。从这里可以看出，最简单、最明显的赢得好感的方法，就是记住别人的名字。

从以上事例可以看出，牢记别人的名字是何等的重要。记住人名能给对方以尊重感，给人以合作的心理，能很快缩短你和别人的距离。你要使人喜欢你，就要用心记住别人的名字，因为它是每个人听到的许多声音中最甜蜜、最亲切、最重要的声音。

七、自我表现与积极倾听

（1）怎样在人际交往中进行自我表现

在人际交往中，交往者以什么方式、采取什么态度表现自己的个性、意图，以及对别人或某个事件的看法，这直接关系到是否易于为对方所接受，是否能够对人际关系产生促进作用。过分的自我表现，或者相反，缺乏自我表现能力，都会对人际交往产生不利影响。那么，怎样才能适度地进行自我表现呢？

下面我们就向大家介绍几种方法：

①在谈话中用"我们"来叙述

大家都有过这样的体验，当与某人谈话时，这个人采用"我"或"我们"这种不同的代词，给人的感觉是很不相同的，前者给人以距离感，后者则使人觉得较亲切。这是因为"我们"这个字眼，代表着"你也参加"的意味，使人产生一种"参与感"，也就是心理学上所谓的"卷入效应"。不仅如此，用"我们"这种字眼，还会在不知不觉中把意见相异的人归入到同一立场中来，按个人意图影响别人。

②使用具体明确的语言

不要把自己的感情隐藏于模棱两可的语言中，不要用含糊其辞的空话来敷衍了事，要明确、具体地表达自己的意图。不要说："我不知道事情是否会坏在他手里，不过我们试试看。"而应说："我觉得他办这件事的能力不够。"

③说话要坦率，不要拐弯抹角

表达自己意见时尽可能避免使用削弱自己话语的语气。如，当我们向别人谈论自己的生活时，应避免这么说："咳，我的经历不太有趣，不过……""我确实没有更多要说的，可是……"而应该说："我的经历还是很有意思的……""我没有需要补充的……"

④用完整的句子来表达完整的意思

不乏这样的人，说话老是含含糊糊、半遮半掩，老是不等说完这句话，又接上了另一句话头，这样就严重地影响了交往双方的信息交流，增加了双方理解上的困难。为避免这种情况，当别人问及你在想什么、对某人或某事抱什么态度时，你一定要完整地表达自己的意图，使别人容易领会。

⑤避免说话停顿

别养成"嗯""哦""啊"等停顿的习惯，这些语赘可能被看作对开诚布公还有犹豫，也可能让人觉得是一种敷衍、傲慢的习气，而令人反感。

⑥用抑扬顿挫的语调来强调意图和兴致

如果声音呆板单调，这无疑在向对方表示，表现者似乎觉得枯燥厌倦了，或者觉得这种谈话简直是在浪费时间。抑扬顿挫的语调会增加说话的效果，也能表现出人的兴致和热情，还可起到强调某些意图的作用。

在自我表现中，借助于形体技巧可以对语言表现进行重要的补充说明。在练习掌握形体技巧时，可采用自己对着镜子来观察是否操作得体的方法，也可与自己最要好的朋友在一起练习，互相观察、互相矫正。

首先，要采取正面的和开放性的姿势。远离他人而坐，侧着身子对着对方，是表示不愿意自我表现，或者意味着对别人有警觉。自我表现时，一般应该直接面对对方站着或坐着。同样的，抱臂胸前，或双脚相迭，摆出一副封闭性姿势，也表示不愿意自我表现。在别人谈自己的情况时，应采取一个开放性的姿势，如双手分放在椅子的两边扶手上，让双脚呈八字形摆放。

其次，应运用自然而适当的动作。要善于运用有助于表达意思的动作，比方恰到好处地点头、摆手势等。但不能增加太多毫无意义的动作。过分的无意义动作意味着神经紧张，反而妨碍了自我表现。

第三，应保持不断的正面的眼光接触。眼光不看对方，也许意味着你对周围的环境感到窘迫和不自在。而对方却可能理解为"或许你不愿就所讨论的问题畅所欲言，或许你不愿向他披露自己的观点，或许你心不在焉，对他的话不感兴趣"。

第四，要利用积极的面部表情。面部表情能使自我表现意味深长，微笑、皱眉、迷惑的神态等等，都有助于对方进一步理解你的态度和反应。

最后，应靠近对方或保持原来的位置。如果你挪开身子，会使人以为你要退出谈话或不愿再自我表现。如果挪近对方，或保持原来的位置，则表示你谈兴犹浓或意犹未尽，会使对方产生更多的注意。

（2）积极倾听

多听少说有这样几个好处：增加信息和经验，减少误会；避免无意义的冲突，增加实现愿望的机会；使别人也愿意认真听自己说话，加深与别人的关系。下面提供一些技巧，以供参考。

①用语言反应表示积极倾听

·要求补充说明。建议对方讲得更详细或补充说明一些情况。"请再说下去""还有其他事情吗""这件事你觉得怎么样"，像这类语言，会使对方谈兴更浓，把更多的想法和消息告诉你。

·提问。直接提问是鼓励对方把话继续说下去的有效方法之一，它要求对方做更详尽、更明确、更清楚的阐述。

好素质是这样养成的

·指出共同的意见和经历。简述你过去的类似经验，或简要解释你类似的观点。共同的态度、观点、价值观和信仰是交流的基础。此外，这样还能表示你对对方的理解。

·变换答语。使用不同的回答，如"是的""明白了""继续说吧""对"等等，别老是"是""是""是"地毫无变化。

·回答要明确、肯定，回答别人的问话时要具体、明确，切忌答非所问、含混不清，在自己同意对方观点或建议的情况下，要用"是的""我知道""当然可以"等回答来表示。称赞对方或者明确地肯定对方的意见，能表明双方有共同的语言。

·要让对方把话说完。当讨论共同的感想和体会时，不要只顾自己说话，要让对方也有说话的机会，要让对方谈得更深更细，要允许对方选择新的话题，让对方说下去而不要打断。

·使用描述而不是评论式的回答。在作出回答时，应该说"是的""我理解""你的看法有道理"等等。尽量避免使用否定别人意见或评论式的回答，如"不""我可不这样想""我不同意""我认为不该这样"等等。别人在认真地谈论自己，你却等闲视之，甚至笑话他，这也是一种对他人表示否定的行为。同样的，伤害或贬低对方的回答也是一种侵犯性的评论，如"你这样做太可笑了""只有你才会被人瞧不起"；或宣称自己的长处显示自己比对方高明，如"我可不像你那么傻""我做这件事比你强多了"等，这也是一种评头论足的行为。

·避免沉默不语。听人说话一声不吭会被看作是没有积极地听。打瞌睡或漠不关心而造成的"沉默应付"，会使说话人反感或者生气，必要的语言反馈能够表明你一直在积极地听。

·复述对方的内容。在对方谈到关键的问题或语句时，有必要简明扼要地再复述一下或解释一下，如"你的意思是……""你是说……"等等，这样可以表明你不仅在认真地听，而且还在积极地理解对方。

②积极倾听中的形体反应

·利用身体反应。利用身体的活动及手势来表示对对方的理解。用摇头来表示你不相信；用手势来表明物体的大小比例；靠近诉苦的人。这些都是恰当的行为。然而，在私人谈话场合大踏步或挥舞手臂等夸张的动作，就不合适了。

·采用直接面对面的姿势。不管站还是坐，都应直接面向对方，不要侧着身子向着说话人。面对面的姿势最有利于倾听或观察对方，而侧身站着或侧身坐着，不仅会给人造成一种你想溜走或你正在挪开的感觉，而且还会使你难以观察对方，并使你因容易受环境影响的干扰而走神。

·采取轻松而灵活的姿态。不必太紧张或太"规矩"，但也不能显出一副优哉游哉的样子。没精打采的样子表明你漠不关心；脸部紧绷说明心里紧张或不舒服；抱着双臂翘起二郎腿半躺在椅子里，脸上又露出颇有自信的表情则表示傲慢。姿态必须表现出乐意倾听而且有兴趣与对方交谈。

·保持眼光接触。说话人会从你的眼睛里看出你是否对他的谈话感兴趣。转移视线则表明你并未认真地听别人说话。例如，谈话的双方有一方不时瞥一眼电视；一个人一边听人说话一边埋头看报纸等等，这都说明他们在听人说话时心不在焉。听别人说话时，眼光要尽量瞧着对方，否则老是东张西望就会有许多事情来干扰，使你无法听下去。

八、特殊场合的交往方法

在人际交往中具体的交往情况是千变万化各不相同的，很难一一归纳，总结出某种规律来。下面就几种比较典型的特殊场合介绍一些经验性的东西。

（1）争执与辩论

在与外界交往中，每个人都会遇到思想、观念、为人行事之道相异于自己的人。这些不同程度的差异都有可能会发展成为人与人之间的争执和论辩。这种争执、论辩，如果不掌握方法，给人的印象是不愉快的，因为每一方都以对方为"敌"，试图以自己的观念强加于对方。

当然，争辩有时也能成为一种愉快的、平和的思想交流，这种交流是一种积极的争辩。达到这一目的的技巧就是：

获得积极的争辩的第一要点是要避免无益的争论。当你意识到自己的想法和意见与人相左时，当你的言行遭人非议时，你的第一本能大概就是奋起辩驳，而许多毫无意义的事情往往就在这时发生了。其实，你只要稍稍冷静一点，考虑一下这么几个问题，就可以避免误入歧途：

·如果我能最终获得争辩的胜利，它有什么意义？如果败了呢？如果我保持沉默呢？比较一下这三种可能出现的结果。

好素质是这样养成的

·我想辩驳一番的欲望更多的是基于理智还是感情（虚荣心或表现欲或面子上下不来等）？如果是后者，大可就此打住。

·对方是充满敌意的吗？他对我有着深刻的意见吗？如果是，那么在这种非理性的氛围中最好不要再火上浇油。

对于不可避免的辩论，在它开始之前，就要准备好往"积极争辩"的方向上引导。辩论的目的无非是寻求公理，因此你先要有自己是背靠着强大的论据这一自信心，然后抓住事物的关键，针对它据理力争。

要想在争辩中取得胜利，必须处理好理智和感情两个因素。理智的关键是要增强自己的知识与修养，知识广博的人不仅说理材料丰富，而且由于知识水平高，善于观察，分析问题的角度和深度也都要高出一筹，这是辩论的最重要的底蕴。否则，必定是穷于应付，极易意气用事；若遇上强手，雪上加霜，惨败的结果是可想而知的。

理智是争辩的目的与胜利的保证，是争辩中的重要因素。但一味强调理智，其结果就像一位诗人所说："全是理智的心，好像一把全是锋刃的刀，让使用它的人满手鲜血。"人同时又是感情的动物。情与理交织在一起，往往会在争辩中取得事半功倍的效果。晓之以理与动之以情，犹如一条通向"积极争辩"的双轨铁路，缺一不可。

争辩中运用感情攻势主要应从两点出发：一是不伤害对方的自尊心，这是一般人常犯的错误。比如申斥的口气，居高临下的不屑眼神，嘲讽甚至侮辱的词句。这些貌似汹汹的表现，其实正反映出了说话人的毫无修养。这时，即使非常占理，却也争不回哪怕一点点心悦诚服。相反，还会引起在场每一个人（不光是被伤害者）的反感，并最终决定了你是必败的一方。

第二点是要注意保护对方的自尊心，这是更高的要求。应做到以下几点：

·先礼后兵。开口之前，可先来一番和风细雨，或谦虚或抱歉，然后再理直气壮地切入正题。

·有理不在言多，言多必失。争辩中说话应有所节制，只要点中要害就够了。

·抑扬有节，不要急于求成。对方滔滔不绝或多有冲撞冒犯之时，尽管任其发泄，自己在旁心平气和，处之泰然，这才是心怀必胜之念的风度。

·同情之心。每一个人的言行都有他自认为足够正当的理由，他的意见、看法虽然与你不同，但仍要表示你很理解他这么想、这么做。这样至少在感情上与对方取得了统一，无形中也瓦解了他的一部分斗志。

·不揭隐私。每个人都会有大大小小的隐私与忌讳，尤其是在争辩的场合，双方都带有敌对的意识，对这些更是加倍的敏感，一旦被触动，伤痛之苦简直无法弥救，因此要慎而又慎。

·口下留情，适可而止。俗话说，兔子急了都咬人。眼看对方哑口无言，败势已定，便应拿出不杀降者的气魄来，结束对立的场面，给他一个台阶下，并重归于和平。

·不要让争辩在争辩中结束。当你将对方打得一败涂地后，切不可为了一点点虚荣把旗帜挂在脸上。人在得意之时，克制更是万分的美德。结束争论，给对方端一杯茶，笑言一句："瞧我们像孩子一样，这么认真！"或轻松自然地转个话题。记住：争辩是一事，交情又是一事。人性都是很脆弱的，易被击垮也易被扶起，你只要一两句话，便可恢复一个人刚刚失去的心理平衡，让他重返愉快平衡，何乐而不为？

（2）怎样做调解人

为了友谊关系或者为了某些组织的大局关系，常常去面对一些纠缠不清的是非之事，你无法袖手旁观，而是必须充当调解人。

做调解人并非一件易事。首先，不管是不是别人主动请求你主持公正，在开口之前都应该先衡量一下自己的资格：在争执双方心目中你的地位如何？你对这件事了解的程度如何？你的劝说技巧如何？这每一点都关系到你做调解工作的最后成效。如果没有足够的自信，索性明智地置身事外，免得成事不足，败事有余。

其次，面对感情冲动、各执一词的矛盾双方，作为调解人，你首先应该心平气和，保持中立。应记住你实质上是为"和事"来的。而不是真的要你仗义执言，主持公理。如果一定要得出个是非分明的结局，你也最好待大家都冷静下来的时候再说出自己的真实看法，这样才能易被人所接受。

劝说的具体方式，主要有以下几种：

①折中

考虑双方最大可能的让步，在提出最后建议之前，要让双方充分明白，不做出丝毫让步对大家都没有益处。

②冻结

若双方距达到和解还相当远，可转移一个话题，或结束会谈，各自避开，即所谓的冷处理。这样会使人冷静而理智，有时矛盾也同时间和距离一样，在不知不觉中烟消云散。

③各个击破

在矛盾冲突中，调解人犹如处在夹板中，一言一行须慎而又慎，否则极易引起双方的误会而遭迁怒，调解效果也可想而知。若能把发生冲突的双方隔开，你再分别加以劝解，忌讳会少去许多，你也不必处处一言一辞费尽心思。

④息事宁人

有许多争执是不存在什么是非曲直之理的，或许是两个人看问题的角度不同，或许是两个人的理解层次不同，或许是两个人的感情趋向不同……都会带来争执。作为调解员，你明知无法劝其统一，索性大事化小，小事化了，只求息事宁人，不必太认真。

（3）如何摆脱困境

绝大多数的人都是普通的，有着多种弱点，包括我们自己。因此也不可能梦想一种完美、合谐、符合逻辑的人际环境的存在。人事复杂，千差万别，任何人也无法为之拿出一个万全之策来。然而现实生活中又有许多活生生的例子，展示着被困之人巧用言辞、随机应变、摆脱困境的成功表演。下面的举例和分析，你或许能从中领悟到一些有益的东西。

①回敬无礼

面对无礼的冲撞和冒犯，予以针锋相对、以牙还牙的回击是最痛快的了。据说，有一次，英国的一名戏剧家给首相丘吉尔送去两张票，并附了一张纸条："来看我的戏吧，带上一个朋友，如果您有一个朋友的话。"丘吉尔回复："我很忙，不能去看首场演出，请给我第二场的票，如果您的戏会演第二场的话。"同样是这位丘吉尔，在一次会议上，一个女议员恨恨地说："如果我是你妻子。就在咖啡里下毒药。"丘吉尔马上回答说："如果我是你丈夫，我就马上把它喝下去。"这两例都是丘吉尔循着对方的思想，"原物"奉还的杰作，可谓以毒攻毒之绝妙表演矣。

回敬无礼的另一种方法是以静制动，以礼对辱。美国一群激进分子在某政府大厦前作抨击时弊的演讲，激昂之时，发誓要把白宫烧光。这时一位官员出来维持秩序，对人群大声喊道："请散开吧！要烧宫殿的请到左边来，要烧议员的请往右边靠。"平平静静的两句话说得大家一片大笑，刚刚还紧张的形势踪影全无。

更多时候，突如其来的无礼和冲撞纯粹是出自误会或唐突，这虽然同样使你受到伤害，感到难堪，但却不宜以敌意待之。你可以装作没听见，答非所问，或者轻轻点破其错误与弱点所在，以避免正面冲突和矛盾进一步激化，使刚刚点起的怨恨之火熄灭。

②面对棘手的提问

在一些特殊场合，你也许会碰到一些咄咄逼人的提问，有些问题不便于正面回答。如何巧妙地避开话题，挡住笑容后面的利刃呢？如果一味采用"无可奉告""装聋作哑"的确不算高明。进攻者自有进攻的套路，防守者也应有防守的招数。

·诱导后定。当对方提出不该知道答案的问题后，先顺着话题提出一些条件或设问，诱使对方落入圈套，最终使其走上自我否定的结局。

好素质是这样养成的

1972年5月的一个凌晨，美苏关于限制战略武器的四个协定刚刚签署，基辛格在向随行记者团介绍情况时被问及"我们有多少潜艇导弹配置分导式弹头？"这是一个不该问的问题。基辛格答道："数目我是知道的，但我不知道是不是保密的。"那记者忙说："不是保密的。"基辛格马上反问："不是吗？那你说是多少？"对方只能自嘲地一笑了之。

- 反口诘问。有些问题不能确切作答，可以采取反问式。

罗斯福在当选美国总统前，曾任海军要职。一次他的朋友问他关于某军事基地的建立计划，这是个很让人为难的问题。当时，罗斯福环顾了一下四周，低声问："你能保密吗？"朋友赶紧说："当然能。"罗斯福松了一口气："那么，我也能。"一场难堪就在轻松幽默而又含蓄委婉的回答中消失了。

- 模糊回答。避实就虚，避重就轻，用模糊的但又是积极的话语来摆脱困境。

一外国参观者询问我国某厂飞机发动机的年产量，这属于机密，但直接回绝又显生硬，该厂总工程师非常巧妙地答道："计划下达多少，我们就生产多少。"

看了以上的例子，你可能会感叹他们的机敏与智慧。但如果你能在学识、非凡的见识和胆略、开阔的思路上不断训练自己，那么，用不了多久，便必然也能在困顿、窘迫面前反应灵敏、应付自如的。

知识链接

巴尔扎克

奥诺雷·德·巴尔扎克（1799—1850），法国小说家，被称为"现代法国小说之父"，生于法国中部图尔城一个中产者家庭，1816年入法律学校学习。第一部作品五幕诗体悲剧，及小说《克伦威尔》都曾经失败。1829年，他发表长篇小说《朱安党人》，迈出了现实主义创作的第一步，1831年出版的《驴皮记》使他声名大震。他一生创作甚丰，写出了91部小说，塑造了两千四百七十二个栩栩如生的人物形象，合称《人间喜剧》。《人间喜剧》被誉为"资本主义社会的百科全书"。但他由于早期的债务和写作的艰辛，终因劳累过度于1850年8月18日与世长辞。

2. 学会适应紧张的生活节奏

社会正突飞猛进地向前发展，为了创造前所未有的高效率，社会生活的节奏将变得越来越快，越来越充满竞争性。你不仅属于现在，更属于未来，使自己的心理素质能适应这种复杂、紧张而多变的社会生活，是时代向你提出的任务和挑战。

你是否已具备了这样的心理素质？你想了解这一点吗？请做下面这个"心理适应能力测验"。

下面有20道题，每道题有5个选择答案，请根据自己的实际情况，在题目后面圈出英文字母，每题只能选择一个答案。

A——很符合自己的情况；

B——比较符合自己的情况；

C——难以回答；

D——较不符合自己的情况；

E——很不符合自己的情况。

测验

1. 假如在考试时能允许我到一个安静的房间，在无人监考的情况下去回答，我的成绩肯定会好一些。

ABCDE

2. 无论在多么紧张的情况下，我总能保持镇静，不会丢三落四，紧张得什么都忘记了。

ABCDE

好素质是这样养成的

3. 当家中其他人的朋友和同事来作客时，我总是尽量避开他们，离开家外出或躲到别的房间里去。

ABCDE

4. 即使在非常吵闹的场合，我也能集中注意力工作和学习，效率不会降得很低。

ABCDE

5. 和别人争论时，我往往想不出反驳的话，事后又想起应该怎样反驳对方，但已经晚了。

ABCDE

6. 为了能和大家和睦相处，我常常放弃自己的意见，以附和多数人。

ABCDE

7. 每次离开家到一个新的地方去，我总要生一点小毛病，如失眠、拉肚子等。

ABCDE

8. 我不怕夜间一个人走路。

ABCDE

9. 在生人面前，或在大庭广众之中讲话，我感到窘迫。

ABCDE

10. 我参加正式考试的成绩，比平时练习的成绩更好些。

ABCDE

11. 我在冬天比别人更怕冷，在夏天比别人更怕热。

ABCDE

12. 如果需要的话，我可以熬一个通宵精力充沛地工作或学习。

ABCDE

13. 即使我把课本背得滚瓜烂熟，要我在课堂上当众背诵，我还是会出些差错。

ABCDE

14. 我在会上发言时，总是很镇静、自然，胜过大多数人。

ABCDE

15. 在检查身体时，医生说我"心动过速"，其实我平时脉搏很正常。

ABCDE

16. 到别处去时，即使饮食、睡觉等生活环境变化很大，我也能够很快适应那里的生活。

ABCDE

17. 我在参加比赛时，赛场上气氛越热烈，我的成绩越是上不去。

ABCDE

18. 在课堂上回答问题或在开会时发言，我能够镇静不乱地把自己事前想好的一切话都说完。

ABCDE

19. 我希望工作时能独立进行，因为我独自工作比和大家一起干时效率要高。

ABCDE

20. 我很容易与刚见面的陌生人攀谈起来。

ABCDE

记分

题号为单数的题目评分标准为：A 记 1 分；B 记 2 分；C 记 3 分；D 记 4 分；E 记 5 分。

题号为双数的题目评分标准为：A 记 5 分；B 记 4 分；C 记 3 分；D 记 2 分；E 记 1 分。

要是你的分数较低，说明你还不能适应紧张的社会生活节奏。建议你从以下几方面入手，提高自己的心理适应能力。

要增强自信心。首先，从一件事到另一件事，从一个环境到另一个环境，自信的你总能恰如其分地做好每一件事。其次，要充分认识到自己的长处和能力，相信自己完全能够像其他人一样，成功地克服所面临的各种困难，自己完成不了的事情，其他人也很难成功。最后，要不断地激励自己大胆实践，不怕失败。生命的辉煌来自坚持不懈地努力奋斗，请挥动你的双手，抹去疤痕，迈开双脚，迎接明天！无论喜悦与痛苦，你都会勇敢地用双臂去拥抱它。

要加强意志的锻炼，培养自己坚韧不拔、不达目的誓不罢休的作风和精神。只有意志坚强的人，才能在紧张的情况下，镇定自如，集中注意力完成所肩负的工作。为了加强自己的意志力，你可以去参加长跑、登山、长距离游泳等必需意志力才能完成的运动项目，使你的意志力在不断的磨炼中坚强起来。

要进行积极的自我暗示。在面临紧张的情境或严重的困难时，可以对自己说："这没有什么了不起，我一定能完成得很好。""我的心跳动得很均匀、有力。""现在我的头脑很清醒，感觉很灵敏。"这样将有助于消除或减轻自己的心理紧张状态。自我暗示通过语言引起第二信号系统的活动来调节中枢神经系统的兴奋性，从而使交感神经和副交感神经的机能得到改善。

当自己已经变得慌张起来时，可以通过调整呼吸的方法缓和心理紧张。其方法是：先做几次深度呼吸，两眼只看一个固定的目标，使自己的注意力慢慢集中在这个固定的目标上，同时使自己的呼吸变得深缓而均匀，这样就可很快稳定自己的情绪。

3. 让孩子学会自己选择

应该说，21世纪是一个科技高度发达的时代。有一位著名的管理学家是从事人类生存状况的重大研究。在这个世纪里，人将拥有更多的选择，他们必须积极地管理自己，"进入了社会后，孩子必须自己决定自己的行业，自己的老师，自己的老板，自己的公司，创业还是加入公司，学工还是学商……每一天面临的都是选择"。你的孩子要在这样的社会里生存、竞争、成功，那么，他必须具有自主选择的能力。

案例1：

当Google的创始人赛吉·布林（Sergey Brin）和拉里·佩奇（Larry Page）在电视上被访问时，记者问他们的成功应该归功于哪一所学校，他们并没有回答斯坦福大学或密西根大学，而回答的是"蒙特梭利小学"，自由自在的学习，没有任意消极输入的方式。在蒙特梭利教育的环境下，他们学会了"自己的事，自己负责，自己解决"。正是这样的积极教育方式赋予了他们鼓励尝试，积极自主，自我驱动的习惯，因而带来了他们的成功。

好素质是这样养成的

案例2:

史蒂夫在一家鞋店看到这样一个场面。在鞋店里，一位母亲对儿子说："你可以自己挑一双新鞋子。"这个男孩马上挑出了一双昂贵的牛仔靴。这位母亲说："我想的可不是这个。"然后她非常烦恼地走过去挑出了两双正在大减价的网球鞋，砰地把鞋扔在孩子面前，说："从这两双中挑一双吧。"

史蒂夫10岁的儿子正跟父亲在一起，他悄悄地对父亲说："爸爸，我哪一双也不会要。"家里的柜子里装满了类似的东西，这些东西都是家长出于实用或经济的目的给孩子买的，但是孩子们却可能碰都不会去碰它们。

其实，这位母亲可以这样说："我给你15美元让你买鞋。你可以在这商店里买一双这个价钱以内的鞋。你也可以在三个月以后有钱了，然后买一双贵些的鞋。"这样，母亲站在孩子的立场上替孩子看一看，既尊重了孩子的需要，同时也满足了家庭的经济生活要求。

在史蒂夫离开鞋店的时候，他听到另外一位母亲对自己的孩子说："你来决定咱们到哪儿去吃午饭。"孩子选择了一家快餐店。这位母亲马上退了出来，对孩子说："亲爱的，另一家餐馆有很好的色拉。"孩子坚持说："但是我想上这儿。"

"你知道我喜欢在午餐时吃色拉。"母亲说。母亲又把授予孩子的决定权夺了过来。这样的事情会让孩子明白，自己最好别进行什么判断、作什么决定，因为一切最终还是家长说了算。

"选哪一个好呢？""那个好吗？挑你自己喜欢的吧！"在餐厅吃饭的时候，在给孩子买衣服、鞋帽的时候，让孩子有发言和选择的机会。父母亲不可一味地对孩子说："这个味道不错，吃这个吧！""这个更可爱。""就这件吧。"这样孩子会逐渐失去自己的主见。

选择，对一个孩子来讲是十分重要的，盲目比淘气要可怕得多。一个孩子如果只知道听话，让他干

第三章
发挥自己的能力

什么他就干什么，庸庸碌碌肯定不会有什么发展。而那些知道自己喜欢做什么，知道怎么去做的孩子才会有出息。在中国，父母对孩子的关爱特别的深，生怕孩子受一点伤害。所以他们对孩子更多的是保护，放不开手脚，这样导致了孩子有很大的依赖性。也有些父母去帮助孩子设计人生规划，习惯于把自己的意愿强加在孩子身上，希望他们成为这个家那个家，但是这通常会使很多孩子忽视了自己真正的兴趣和选择的能力。家长们应该把选择兴趣的权利还给孩子，让他们自由选择，自由发展。那么，家长如何培养孩子独立自主选择的能力呢？

（1）要教孩子"自己想办法"的习惯，要把选择权给孩子，让孩子成为自己的主人

从小让孩子自己去解决自己的事务，让他们明白，任何人都别想推卸责任，让别人替他们收拾残局。让他们经过失败学习，不要什么都想帮孩子做。最后可以帮助分析失败的原因，可以告诉他你会怎么做，以帮助增加孩子的判断力。

日常很多时候你很确定该怎么做，但是你应该给孩子一个机会，让他学习独立决定。他从自己的错误中学习得比从你正确的指导还要多。让孩子知道有些事情父母提供意见，但是最后决定在于他自己，而且随着他自己的长大，这些事情会越来越多。

不要用太多规矩限制孩子的自由，同时要让自己的孩子去做他自己喜欢做的事，让自己有一片发挥的天地。如果你有顾虑，用"共同决定"的方法诱导他：例如，孩子喜欢玩电脑，不要说"不准玩"，告诉他，如果你的成绩够好了，或是功课做完了就可以玩，但是一周只能玩两个小时。把每一个"否定"变成"机会"，把自主权从你身上转移到孩子身上。这样不但能培养孩子的独立能力，而且孩子还会为了自己的兴趣更努力做那些"必须做"的事。

如果孩子相信了你的说教，他可能失去判断力，如果孩子不相信说教，他可能叛逆，或不信任你。

放手让孩子自己做事情。除了培养独立能力，也可以增加责任感和自信。父母不要剥夺孩子自己的选择权，觉得自己为孩子安排的路是通向成功最直的路，孩子只有服从。不要什么事情都说"不"，给孩子一个机会。

（2）让孩子体验自己选择的结果

只有当家长允许孩子犯错误、体验到自己决定的不良后果时，家长才能帮助孩子发展自己的判断能力。

在新学期快开学时，史蒂夫夫妇让女儿金碧买自己上学穿的衣服。金碧跑到商店里挑了又挑，看了又看，决定用所有的钱买一套正宗的拉尔夫·劳伦牌套装，而不是买几套可以换洗的便宜衣服。史蒂夫夫妇非常认真地问女儿金碧是否理解她的这一决定的后果："亲爱的，你考虑过今后你每天要穿进、穿出的衣服了吗？"

"是的，我考虑好了。这是真正适合我的、对我真正重要的衣服。这正是我想要的。"

史蒂夫夫妇随后又问："你知道下一笔让你买衣服的钱是什么时间给你吗？"她肯定的回答是在12月份，她也知道现在9月才刚刚开始。当这一切都弄清楚后，金碧还是坚持自己的观点，她买了那套拉尔夫·劳伦正牌货。

在开学后的一个星期，金碧的拉尔夫·劳伦套装就已经被穿得要黏在身上了，她的朋友们最后甚至开始问她洗不洗衣服。这种困境激发了金碧很大的创造性，她找出妈妈不穿的几件大号套裙，剪掉长的部分，用缝纫机缝上带子和垫肩，安上纽扣，做了几件自己能穿的套装，用它们凑合到12月份。在她拿到了她的下一笔校装添置费时，金碧变得谨慎多了，她买了几套可以换洗的衣服，从而避免了原来的尴尬。

史蒂夫夫妇在允许女儿按照自己的选择行动的情况下，充其量只是给金碧带来了不方便和尴尬，但是女儿却会变得更有信心、更明智。在她再到商店选校服时，她就表现出了更好的判断力，也更理解自己行动的后果，她会问自己："我要考虑哪些因素？"并且她也知道了有哪些因素会影响她。

（3）鼓励孩子思考"是什么、为什么、怎么样"

判断需要分析和决定两个过程，分析是决定的基础，对问题的正确分析是成功的一半。在分析一个情景时，"是什么""为什么""怎么样"这三个问题构成了分析的基本框架。但在孩子进行判断时，由于他们缺乏分析的能力，他们不清楚应该从哪些方面考虑，这时家长就需要给孩子提供一些适当的帮助。

史蒂夫的儿子迈克有一天晚上来到史蒂夫跟前说："爸爸，我听妈妈说，你要离开家几个星期。我想，在你出差之前咱们到游乐园去玩，作为你出差前的庆祝好吗？"

"儿子，这听起来很不错。"史蒂夫说，他决定让儿子承担一些责任，所以他又接着说:"但我得先知道一些事才能决定去不去。首先,我要知道我们到公园玩这一趟要花多少钱。你能否写一个我们需要花多少钱的清单呢?这样我就可以估计我们每个人的花费,算出这一趟的总体费用。"

他们估算了汽油费、门票费和食物等,大约要花40美元。

"我要做的第二件事是看看我们手头的钱,然后排一排我们目前事情的先后顺序。"史蒂夫说。然后史蒂夫做了一个本月的家庭预算,计算这个月中家庭生活可能要花的每一毛钱,结果发现本月只有30美元盈余。

在这种情况下,史蒂夫并没有作出什么决定,他只是对儿子说:"儿子,你知道我们出去玩的可能花费,也知道我们这个月手头能用的钱,你何不站在我的角度上想一想呢?我们还能出去玩吗?"

迈克看看单子,说:"爸爸,我真的没想到会是这样。我们缺10美元。"

"我也这样看,"史蒂夫说,"我真的希望事情会有所不同,但偏偏就是这样。"当天晚上迈克又来到了史蒂夫跟前,手里拿着12美元。

史蒂夫说:"这是怎么回事?"

"我卖了我的棒球卡片,"迈克说,"现在我们可以去公园了,还多了买两个热狗的钱。"

结果,他们真的去了游乐园。史蒂夫感到儿子明显地长大了许多,而迈克则也感到了自己的作用。

另外,在培养孩子的选择能力时应该注意以下几个方法:一是多出选择题;二是多搞一些活动,让孩子做自己喜欢的事;三是回答问题不要答得太满,要给孩子留有思考的余地。比如,有孩子问:"你说有没有飞碟?"你不要不假思索地告诉他"有"或者"没有",可以婉转地说:"我不是自然科学家,所以回答不了这个自然之谜,这就需要你们长大以后去解开这些谜了。"一次,一个孩子打电话来问:"世界上有没有恐龙?"当时,在报社实习的大学生肯定地回答道:"世界上没有恐龙。"

好素质 是这样养成的

结果,那个小孩立刻反驳说:"世界上有恐龙!11个月前,澳大利亚发现了一个恐龙蛋,如果它孵化出来了,怎能说不是恐龙呢?

随着社会的进步,家长的教育观念在不断地更新,家长给孩子的自主选择也越来越多,然而,给予孩子的选择一定要恰当,过多的选择对孩子的成长并非是件好事。例如,吃早点,问孩子:"宝宝,早饭想吃什么?"一下子问这个问题,孩子很难回答,甚至是无从回答。选择的范围太广了,孩子的回答也会漫天飞舞,想了半天,告诉你要吃肯德基,而这个答案可能离你的预料很远。若是这样问孩子:"宝宝,早饭想喝粥还是喝牛奶?"这样的问题,孩子容易回答,而家长也更容易做到。几次这样的对答之后,您再问孩子:"宝宝,早饭想吃什么?"相信孩子的回答不会再是肯德基。同样的问题,因为有了前面的基础,此时也就变成了适合孩子的问题。因为在无形当中您已经给了孩子适合的选择。

一到超市,家长可能会很头疼,孩子总是这也要那也要。若是给孩子一定的选择就不会出现这种状况,但这种选择一定要恰当。例如:"宝宝,今天妈妈给你两块钱,你想买什么自己挑,但是超过两块钱妈妈就不帮你付了。好吗?"通常这样的选择孩子会很容易接受。这样做,孩子乐意、父母也省心,同时也给了孩子很多的锻炼。而您对孩子的要求也可以在无形当中逐渐提高。如:付账。前两次您可以陪在孩子身边让他付账,之后您就可以尝试先等在出口让孩子独立付账。孩子购物时遇到的困难,您可以装傻,一开始可以陪同孩子去询问他人,逐渐地您就可以尝试让孩子自己去想办法,独自去询问工作人员或其他购物者。给了孩子类似合适的选择,某些场合的购物,甚至可以尝试让孩子自己去讨价还价。长此以往,给予孩子适合的选择,孩子的很多能力自然而然地就能得到提高。

第三章
发挥自己的能力

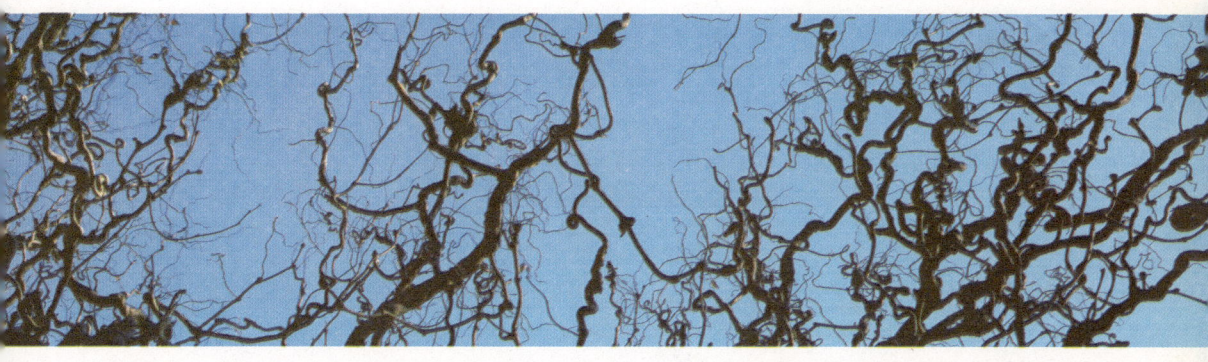

　　没有比较就没有鉴别，鉴别就是选择。家长帮助孩子锻炼选择能力，首先就是帮助孩子学会做各种比较，能正确地作出比较，就会是很重要的能力。现在的孩子接触外部世界比家长还广，掌握的信息量很多，就是作出正确的比较的有利条件。人都追求完美，都会尽量地实现最优化，也是从比较中得出的，就要作出选择。我们在5岁的时候就能有这方面的要求了，就知道要追求自己认为的完美，家长要是用自己的标准要求孩子，完全剥夺了孩子的选择，就会使孩子失去自信和比较能力，对自己周围的事物反应越来越不敏感，最后也就放弃了选择权，渐渐地降低了自己的选择能力。

　　孩子需要独立性、责任心、选择能力、判断力。一个孩子如果长大了还是只会背诵知识，听话被动，等着别人帮他作决定或做事情，那他进入社会就算不被欺负，也不会被重视。既然人的一生有很多种的选择，而选择机会会让自己为难，就该早些让自己锻炼选择能力。过去家长总是为孩子作出选择，不相信孩子的选择能力，不尊重孩子的选择权利，给孩子留下了很多的选择苦恼，从现在开始就由孩子自己来作出选择吧！

知识链接

　　没有比较就没有鉴别，鉴别就是选择。家长帮助孩子锻炼选择能力，首先就是帮助孩子学会做各种比较，能正确地作出比较，就会是很重要的能力。

好素质是这样养成的

4. 增强善于抓住时机的能力

时机,有时间性的机会也。在现代社会中,一个人的才能如何,往往就看其是否善于抓住迎面而来的机会。善于抓住时机是非常重要的,这是夺得事业成功的必不可少的因素。没有机会,纵然才华横溢的人,也未必能够登上成功之巅;因失掉千载难逢的好时机而遗憾终生的也大有人在。善于抓住时机,是伟大人物成功的奥秘,学会抓住时机,是自我训练的精华所在。

一、认识时机

时间在无数间断中不间断地运动着,这种运动之中包含着时机。因为,这一事物的开始,往往是另一事物的终结;这一事物的终结又往往是另一事物的开始。能否抓住这样的时机,不但是时间管理成败的关键,也是一个人一生事业成败的关键。有人提出这样的公式:成功 = 才能 + 机会。

在生活中,到处都有时机问题,运动场上,抓住时机,则金牌垂胸。就说看病吧,也有个时机问题,如果在早晨去检查早期高血压病,由于此时血压是低的,看起来颇正常,严重的病情往往被掩盖过去,最终贻误了治病的良机。而医院对病人进行外科手术,则几乎都是在早晨进行,这是因为考虑到人的生理稳定性节奏。

国际知名管理学家哈洛尔德·康茨和西里尔·奥登纳尔在其颇有影响的著作《管理学精华》中特别强调要"认识机会",并指出"认识机会是规划的真正出发点",只有认清机会,才能"建立起现实主义的目标",提出可行性方案。人才是时代的产儿,但是在同一时代、同样条件下,不同的人发挥的作用有时会有天壤之别,除了其他条件之外,关键在于能否认清时代,抓住机会。只有当人们不失时机地认识和利用这种历史条件时,才能取得成果。

信息时代,是一个发酵的时代,充满机会的时代。认识时机,学会抓住时机,是现实生活提出的重大命题,也是走向成功应该研究的重要课题。

二、把握时机

在人生的旅途中，一次偶然的机会，导致了伟大而深刻的发现，使科学家因此成名；一个突如其来的机会，使有的人大展才华，干出了一番惊天动地的事业，从而名垂青史；甚至一次意外的事变，竟影响了一个人的整个生涯，对他的发展起着转机作用，凡此种种，在实际生活中都是常有的。

日本经济团体联合会头面人物土光敏夫就是如此，他从高等工业学校毕业后，到一家新成立的造船公司任工程师，负责为巴西建造两艘高速货轮。交货后，由于巴西引水员领航出了错，一艘货轮出港时撞在码头上，但货轮只有轻微损伤，次日仍正常起航。谁又能料到，竟是这一偶然的事故使日本造船业声威大振，订货者纷至沓来，仅10年工夫，就打进了世界造船市场。据说，当时世界上10艘货轮中就有8艘是日本货，日本经济也很快从百业凋敝中复苏过来。土光敏夫则被巴西请去创建造船业。很明显，土光敏夫后来能登上统领日本经济界的宝座，也和这次事故有很大关系。

披着神秘外衣的"机会"，给人生涂上了很多扑朔迷离的色彩。它常常是不期而至，不告而别，稍纵即逝。你一心等它，可能长期不见其踪影；你不去想它，又可能"时来运转"，受到它的光顾。所以，有的人常常把自己能否碰到好的机会，归结为"运气"，有的甚至归之为"命运"。其实，机会虽然难料，但也不是命运之神操纵的东西。

对于把握机遇，有人归于运气的好坏，例如，有人确有劳动时挖出金条、拣到钻石等可遇不可求的好运气。但把握机遇更要靠我们自己。伟大的音乐家贝多芬一生穷困潦倒，在爱情上屡遭不幸，成年后又遭逢耳聋的厄运，但他能够"扼住命运的咽喉"，终于成为一代"乐圣"，他所凭靠的，正如他在给一位公爵的信中所说："公爵，你之所以成为公爵，只是由于偶然的出身，而我成为贝多芬则是靠我自己。"

"弱者等候机会，而强者创造它们"。时机虽受各种因素的综合影响，但不管如何，有一点是可以肯定的：经过个人的努力，时机是可以把握的。美国有位学者曾通过对奥林匹克运动员、总经理、宇航员、政府首脑以及其他获得成功者的多年探访，逐渐认识到成功者绝非是因为拥有特权环境、高智商、良好教育或异常天赋的结果，同样也不是一时走运，而是由于他们对自己的作为负责；认识

好素质是这样养成的

自己的才能,追求自己的目标;迎接挑战,适应生活。他把这三点称之为"成功者的优势度",是成功者与普通人之间存在着的一种微妙的差别。有的人天赋甚高,却恃才以傲而短于行动,丧失了不知多少成就事业的良缘。有的人在一时走运、初见成果后,便陶醉于快乐而忘记自己面临更多的机会,终究难成大器。唯有那些在创造奇迹之后,能很快忘记快乐,并清醒地面对未来之人,才能终成伟业。而所有这些,无不是为生活态度所决定。

面临机会却无能承担,等于没有机会。要把握住机会,还必须有渊博的知识。一个人的知识越多,才能越大,生活中可能出现的机会就越多。金子总是要发光的,而发光的东西总是易于被人发现。弗莱明成功地发明了青霉素之后,有人问他是不是靠"运气"帮忙,他说:"不要等待运气降临,应该努力去掌握知识。"知识丰富了,能力提高了,机会出现的概率会相应提高,机会的可获得系数也会相应地变大。

把握时机的并非命运之神,而恰恰是我们自己,正如伊壁鸠鲁所说:"我们拥有决定事变的主要力量。因此,命运是有可能由自己来掌握的,愿你们人人都成为自己幸运的建筑师。"

三、看准时机

《旧约全书》中写道:"世上万物都有适逢的季节,而尘世间的每一项意图也都有一个合宜的时间。"因此,如果你能学会在生活中看准时机并及时采取行动,那么,你肯定会成功。1815年滑铁卢战役中拿破仑军队被击溃,伦敦一个名叫波什尔特的商人,利用事先安排的信鸽邮递,几小时后就收到了这一消息。他利用这一军事情报,联想到即将出现的商情动态,审时度势地加紧商业活动,在一天之内就成了大富翁。有些人反复遭受挫折,除了其他原因之外,一个重要的原因是他们虽然一而再、再而三地进行了努力,但却始终没有看准时机。看准时机,是成功的真谛。

看准时机,掌握好审时度势的艺术,需要从以下几个方面进行努力:

(1)要有敏锐的观察力

时机往往是转瞬即逝的,有时甚至在人们的意料之外出现,如果不具备敏锐的观察力,那就不可能有幸看准时机,并抓住它。在希腊神话中,幸运女神福耳图娜的形象是一位站在车轮上的妇女,蒙着双眼。这意味着她虽盲目,却不是隐形的。一个人如果肯锐意进取，留心观察，他就一定能看准"幸运"。

（2）要提高自己的预见能力

掌握好审时度势最基本的是要看准事物将会向何处发展。须知未来并不是一本合上了的书，大多数将要发生的事都是由现在正在发生的事所决定的，紧紧抓住现在这个时机，采取行动，就会减少将来的麻烦，或在将来能得到好处。美国第28任总统威尔逊曾说："认为只有在时机到来时才能作出正确选择的人，在领导同代人的事业中是不会取得成就的。"

（3）提高洞察力

洞察力就是"一眼看穿"的能力，透过事物的现象看到本质，对一些表面上迥异的事物，能快捷地找出他们的共同点和彼此之间的内在联系。克劳塞维茨在《战争论》中说："这里对较高的智力所要求的是综合力和判断力，二者发展成为惊人的洞察力。具有这种能力的人能迅速抓住和澄清千百个模糊不清的概念，而智力一般的人要费很大力气，甚至要耗尽心血才能弄清这些概念。"洞察力的高低与审时度势的能力成正比。在事物未萌发时便能科学地预见其出现，是一等洞察力；在事物萌芽状态时能正确地认识它的性质与意义，预见它发展的趋势，是二等洞察力；事物成长起来以后才能认识它，属于三等洞察力。很明显，卓越的洞察力是审时度势、看准时机的关键。

四、要有自制力

萨士比亚曾经写道："人世间万事都有一个涨潮时刻，如果把握住潮头，就会领你走向好运。"看准时机的要害是一个"准"字，过迟的行动固然会贻误时机，过早的行动则往往又会欲速则不达。审时度势时犯有"急性病"和"慢性病"的人，都会影响对时机的把握。我们既不能犯"急性病"，也不能犯"慢性病"，不能从一个极端跳到另一个极端。掌握"准"字没有灵丹妙药，它是一种智慧与自制力的结合体。另外，也要了解其他人是如何看问题的。我们的每时每刻都是与所有的人共享的，每个人都会从不同的角度看待周围发生的事情。因此，了解其他人的看法对看准时机也是非常重要的。

五、利用时机

《克雷洛夫寓言》中有一个小故事说，当幸运女神光临一家只有三个弟兄的茅舍时，老大去经商，发了财；老二去做官，当了大官，也发了财；老三去捕苍

好素质是这样养成的

蝇，成了百发百中的捕蝇能手。半年过去后，当幸运女神离去时，只有老三仍然贫穷，仍然哀叹自己没有得到幸运女神的照顾。

这个寓言对自我发展中如何利用时机是很有启迪的，每个人常常面临着多种机会，比如，在同样两小时内，去看书、看电影、干活、打扑克、吹牛……所有这些就是所谓的机会。可是在这些机会中，它们的成本是不一样的。花几美元看一场电影，成本是否仅是几美元，不是，因为还耗费了两个小时的时间，两个小时又会给你带来多大价值呢？这就是机会价值了。在纽约的候机厅里曾经发生过这样一件事，一乘客想要换张提前一小时的机票，就到广播室说："乘坐××航班到洛杉矶的乘客，有谁愿意换一张一小时后的机票，请到售票处去换票，我将赠送给你一百美元。"但是却没有人肯耽误一个小时而换取这100美元。看来，在他们眼里，早一小时到达目的地比100美元更重要，会创造出比100美元更多的价值。

在利用时机时，一定要想到机会成本所带来的机会价值，从而自觉地约束自己，从事更有意义的活动，获得人生的更大价值。

20世纪70年代初，美国加州技术学院的亚里夫教授，经过8年奋战，终于制成了世界上第一块激光晶体管集成电路，但当时美国工业界没人识货，而日本一位在此攻读博士学位的学者却看准机会，购买技术，说服日本政府在这方面投资，很快就转换成工业产品，并戏剧性地向美国出口。

利用时机，用最小的机会成本，换取最大的机会价值的方法亦称价值分析法，它的核心之处即在于对要做的每一项工作提出这样几个问题：①这是什么工作？②这项工作的目的是什么？③它的"成本？"（时间）是多少？④它的"价值"是多少？⑤有其他什么方法能实现这项工作吗？⑥新方案的"成本"（时间）是多少？⑦新方案能满足要求吗？经过这样一系列的问题分析，便可从中找出花费"成本"（时间）比较少，而机会价值比较大的方案来。

把管理学上的能级原理运用到时机理论中，是求出最佳机会成本与最佳机会价值的好方法。能是作功的物理量，这是物理学上的概念。在现代管理中，人都具有一定的能量，时间也是一种能。既有能量，就有大小。既有大小，就可以分级。正是能级构成了时间管理的"场"和"势"。凡最佳者则运动"场"大，运动"势"强，就能出现最佳的工作效率，发挥出最佳的时间效能。构成最佳机会成本和最佳机会价值的因素很多，5W2H 理论通过对 W-H 的不同排列，可以组合成各种各样的机会成本和机会价值。它的科学组合，能使我们以最小的机会成本，取得最大的机会价值。寓言中的三儿子在幸运女神光临时，如果问一问 5W2H 中的几个问题，他就绝不会哀叹自己没有得到幸运女神的照顾。

六、抓住时机

中国人早就有句名言，叫做"机不可失，时不再来"。时间有其独自的特性：一是供给无弹性；二是无法积蓄；三是无法取代；四是无法失而复得。机会，离不开时间，时间是机会的生命。哲学家培根曾感慨地说："机会先把前额的头发给你捉而你捉不住之后，就把秃头给你捉了；或者至少它先把瓶子的把儿给你拿，如果你不拿，它就要把瓶子滚圆的身子给你，而那是很难握住的。在开端时善用时机，再没有比这种智慧更大的了。"机会，速可得，坐可失，我们要想得到她，就不但要努力学习揭示客观必然规律性的科学知识，着重认识事物发展的必然规律，而且要有一种锲而不舍、雷厉风行、只争朝夕的精神，决不能四平八稳"一慢二看三通过"，坐失良机。

怎样才能抓住机会呢？还是培根说得好："最好把一切大事的起始交给百眼的阿加斯，而把终结交给百手的布瑞阿瑞欧斯！"让百眼巨人阿加斯担任注视机会开始的职务，以便敏锐地识别机会，积极地寻找机会；让百手巨人布瑞阿瑞欧斯用一百只手去抓住机会，以便能准确地利用机会，迅速地得到机会。确实，要抓住机会，首先要善于观察。达尔文的儿子在谈到他父亲时这样说道："当一种例外情况非常引人注目并屡次出现时，人人都会注意到它。但是他（达尔文）却具有一种捕捉例外情况的特殊天性。很多人在遇到表面上微不足道、又与当前的研究没有关系的事情时，几乎不自觉地、以一种未经认真考虑的解释将它忽略过去。这种解释其实算不上什么解释。正是这些事情，他抓住了并以此作为起点。"当然，抓住机会，比认出机会更重要。在伦琴发现 X 射线以前，英国科学家克

鲁克斯，德国科学家霄纳特以及其他一些德国和美国的物理学家，都曾看到存放在阳极射线管附近的照相底版被感光了，但他们都没有像伦琴那样认真地抓住不放，从而失去了发现 X 射线的机会。正如在伦琴连续发表三篇论文阐述他的发现后，有人企图贬低伦琴的发现时，哈佛大学的哲学家闵斯特贝尔格说的："假定机会促成了发现，可是在伽伐尼偶然看到挂在铁门上一只蛙腿的弯缩变化以前，世界上不知道有多少次伽伐尼效应。世界上经常充满这种机会，可惜伽伐尼和伦琴太少。"这就是说，伽伐尼和伦琴的功绩不在于他们看到什么现象，而在于他们对这种现象抓住不放，因而抓住了机会，登上了成功的台阶。

时机问题，既是机会问题，又是速度问题。抓时机要快，特别是在当今社会，因其社会化大生产所具有的整体性、复杂性、竞争性和多变性等特点，更要求有志于成功者要有机会观念、速度观念。"只有一个地球"，同一个科学研究，你起步晚了，人家就抢先成功了；同一个发明，你生产慢了，人家就抢在前面大量生产了；同一个市场，你不占领，别人就独霸了。竞争是空前激烈的，据说在日本的那些知名企业里，每五秒至一分钟就可获得世界各地市场行情的变动情况，而企业家面对每时每刻都在变化的市场，错过一分一秒就可能失败。

时机在时间的演进中产生，又在时间的变化中消失。抓住了时间便是抓住了时机，捕捉时机贵在迅速。

七、寻找时机

每当谈到时机，常常会有人发出这样的感叹："我何尝不想抓住时机大展鸿图呢，可就是遇不到时机啊！"时机难得吗？不是的。在这个变革的时代，可以令人大展宏图的时机到处都有，每个人面临的时机都是很多的。每一个客人，每一次演说。每一项工作，全都是机会。这些机会带来教养，带来勇敢，培养品德，制造朋友。对你的能力和荣誉的每一次考验都是宝贵的机会，而且，一个人的时间观念愈强，就愈会常常遇到能"转变命运"的机会，因为每一瞬间都是从过去向现在的过渡，生活中到处都充满着机会，问题是你肯不肯寻找，肯不肯为改变自己的现状和命运而努力。即使像连身体都不属于自己的奴隶道格拉斯，也能通过挣扎苦斗使自己最终成为演说家、著作家和政治家。对此，我们还好意思说没有机会吗？

每一个人寻找时机的能力不一样，对此，可通过形象的比喻分为四类人。

第三章
发挥自己的能力

第一类人像火车司机。这类人只能在既定的轨道上定时定点定方向地行驶，这类人对机会没有强烈的反应。

第二类人像医生。大部分时间是用来对应已发生的问题和解决当前的困难，即所谓头痛医头，脚痛医脚。此类人对寻求机会也不积极。

第三类人像农场主。总是希望在他有限的土地上取得最大的收益。这类人善于钻营，不过活动区域只限于在一定的范围内。缺乏冒险精神。

第四类人像渔夫。这类人最善于冒险，作业范围广，但又不能保证有收获。这类人是最积极地去发掘机会和最敢于冒风险的人。

一般说来，风险和机会的大小是成正比例的。如果风险小，许多人都会努力去追求这种机会；如果风险大，许多人就会望而却步，甚至连想都不敢想，少数敢冒风险者往往能得到最大最多的好时机。因此也可以说，机会就是对人们所承担的风险的相应补偿。要想赢得，就必须对机会进行综合分析，从实际出发，迎着困难上，敢于担风险。只有"着重于机会，而不着重于困难"的人，才能最大限度地利用机会，取得最大的成功。如果一个人在干一项事业前，只着眼于易于成功，而不是着眼于接受挑战，那么，他即使能够成功，其成功也相当有限。当然，干有风险的工作，有艰辛，又有不确定性，但只有具备冒险精神的人，才能把机会化为成果。

人们在寻找机会、利用机会的过程中，经常会遇到"恐怕不行吧，我没有那么大的能力"这样的心理障碍，好像自己的能力极为有限。这往往是一种"幻觉"——错误的"自我限制"。这种"幻觉"常常是取得最终成绩的巨大障碍。

每个人都被许多机会包围着，而只有当你去发掘它时，它才是存在的。自卑则是心灵的自杀、精神上的自我打倒，它像一根潮湿的火柴，永远也不会点燃成

好素质是这样养成的

功的火焰。据报道，在日本巍巍的富士山脚下，有一座举世无双的学校——"鼓气学校"。学校的校旗上写着"一百升汗水和眼泪"8个大字。学校的宗旨是把日本的企业领导者铸造成为最优秀的人才。学校的课程极为特别，学生分成若干小组，每组13人，每天数次走上大街高呼："我是最优秀分子，我能胜！我能胜！"上课也是由老师领读，学生重复高喊："我能干！我力大！我年轻！我能胜！我能胜！我能胜！……"学校的校长说。这所学校的办学方针就是教给学生以"足够的自信力"，"我们的目的就是要把每个学生推向极限，然后战胜极限。"

当然，自信不是自大，冒险不是冒失。1942年10月，血胆将军巴顿率领4万多名美军，在100多艘战舰护送下，计划于11月8日凌晨在法属摩洛哥登陆。至11月4日，突然刮起大风，惊涛骇浪使有的小艇倾斜度达42度，直至11月6日天气仍无好转。美国政府急电，令其改由其他任何港口登陆，巴顿却回电说，不管天气如何，我都将按计划执行到底。哪知，到了7日午夜果然风息浪止。事后有人说这全是巴顿拿生命作赌注的天大冒险。其实，巴顿并非拿生命作赌注，而是在出发前就与专家们一起详细研究了该海域的风浪变化，知道虽有大风但还达不到翻船的程度，更不会对整个舰队造成危险，而且11月8日一定有个利于登陆的好天气。正是凭靠了这种科学的预测，他才敢于抓住这个"可怕"的机会，突然出现在敌人面前，一举扭转了非洲战局。

寻找时机，既要敢于冒险，也要有自知之明，要根据每个人的条件和可能。认识自己是认识机会的先决条件，一个人在不能正确认识自己的情况下，所进行的活动和实践只能是一种逃避和消遣。应认真考察自身价值到底在哪一领域中才能得以最充分的实现，从而确定自己的最佳发展方向。许多人由于不了解自己的才能而导致终生平庸，或像盲人骑瞎驴那样闯入"黑洞"、栽下"悬崖"。唯其如此，古希腊哲学家亚里士多德才大声疾呼："人啊，认识你自己！"

人的一生，总是有几次大的转机的。大的转机，必有大的变化，没有大变化，也就没有大的发展。而要有大发展，就要善于抓住时机。哲学家培根说过："造成一个人幸运的，恰是他自己。"

每个人只有抓住一个一个"不显眼"的时机才能获得辉煌的成功。要想成功而不抓住时机，就难成大事。增强能力，实质上也就是增强善于抓住时机的能力。

知识链接

《战争论》

《战争论》是卡尔·冯·克劳塞维茨在总结以往战争的基础上写成的。其中包含战术或战术学讲授计划和提纲等附录，全书一共3卷8篇124章，约70余万字。《战争论》被译成多国语言出版。在书中，作者揭示了战争从属于政治的本质，指出了人的因素尤其是精神力量的作用，阐述了战争性质向民众战争转变的历史趋势，探讨了战略和战术、进攻和防御、战争的目的和手段之间的辩证关系，提出了集中优势兵力歼敌等理论。克劳塞维茨本人也因此被视为西方近代军事理论的鼻祖。《战争论》被誉为西方近代军事理论的经典之作，对近代西方乃至世界军事思想的形成和发展起了重大作用，被誉为影响历史进程的100本书。

5. 开发自我管理能力

人们的自我管理能力不是天生的，它同人的其他能力一样，都是后天开发出来的。每个正常人的自我管理能力都是可以不断提高的。

一、培养自我管理意识

人们要想提高自己管理自己的能力，首先需要培养自我管理意识。

人们每天不忘穿衣、吃饭、睡觉等，主要是因为自己有这方面的需要。每个人都懂得，天冷了，不穿衣服会冻坏；人不吃饭会饿死；不睡觉会精神崩溃。正因为人们把吃、穿、睡与人的生存紧密地联系了起来，产生了这样明确的意识，才能有规律地自觉地去坚持，而且还能不断探索如何才能吃得好、穿得好的问题。

如果人们能把培养自我管理意识同自己的成长和发展需要自觉地联系起来，

好素质是这样养成的

并能深刻地认识到人的成长进步离不开自我管理，那么，就会像对待吃饭、穿衣、睡觉那样对待成长过程中的自我管理。

此外，培养自我管理意识还需要有紧迫感。这种紧迫感不能是别人强加的，必须是自己切身感觉到的。首先，这种紧迫感必须来自个人成长和发展的强烈愿望，人们才能形成如何有效地管理自己的思想、言论和行动的意识，才能自觉地去管理自己。反之，一个人如果自己没有成长和发展的愿望，当然就不会产生如何管理自己成长的意识。其次，这种紧迫感还应来自对社会现实的深刻认识。当今的社会，管理正作为一门科学迅速地被应用于人们生活的各个领域，整个社会的经济管理、政治管理、思想管理、法律管理、道德文化管理等正在走向科学化，越来越多的人已经开始把管理科学运用于人生过程之中，人们盲目对待人生的时代正在宣告结束，人生正在朝着科学化的方向前进。科学化的人生需要科学的自我管理。人们如果能清醒地看到这一点，就会产生一种觉悟，即如果不科学地管理自己，就会失去人生的主动权，就会被别人远远地抛在后边。有了这种觉悟，就会主动地发展自己，而有效地发展自己则离不开对自身的科学管理。

英国前首相温斯顿·丘吉尔在二战之中和之后都是世界的风云人物。早年担任《晨邮报》记者时曾到南非战场采访，并积极写作，年轻时就小有名气。丘吉尔家族是个政治世家，其父曾任财政部长。丘吉尔的愿望就是从政、当首相。为此，他进行了长期准备：撰写文章挣名声，参与上流社会的社交，结识权贵，发表演讲，树立政治威望……丘吉尔凭借自己良好的自我管理意识，并积极地付诸行动，等待时机，终于实现了自己的抱负。如今这个社会中的激烈竞争，更需要每个人科学地管理自己，从而在更大程度上发挥自己的潜能。

二、掌握科学的自我管理方法

为了把自己的思想、言论和行动全部纳入科学的轨道，需要掌握科学的方法。

科学的自我管理方法不是人们头脑中固有的，也不是从天上掉下来的，只能从学习实践中得到。

第三章
发挥自己的能力

人类在长期的实践中创造了许许多多的管理方法。以往杰出人物自我管理的成功经验，值得我们学习与效仿。认真研究这些经验，使之成为指导自己成长进步的理论，是十分必要的。

20世纪四五十年代，随着系统论、信息论、控制论的产生，各项管理日益科学化。20世纪40年代末至50年代初，管理作为一门科学呈现于世界。随之而来的是管理科学向社会生产的各个部门逐步渗透。科学管理的社会效益日益明显，越来越多的国家和人民逐步认识了管理的重要性。随着各方面管理工作的日益科学化，人们也越来越重视对自身的管理，在传统经验的基础上，创造了日益增多的新的管理方法、如目标管理法，行为控制法等。学习现代管理科学知识，是提高自我管理水平的重要途径。

为了把自我管理提高到一个新水平，需要努力探索管理自己的新方法。从当今世界人们成长发展的实际经验看，下述方法为越来越多的人认为是行之有效的自我管理方法：

（1）系统科学的方法

系统科学的方法是系统科学在自我管理上的运用。它从系统的思想出发，对个人的成长和发展进行系统分析和处理。

这一方法把人的成长作为一项系统工程去研究、开发、设计和管理，力求使自身的成长过程科学、合理和高效率。事实表明，一个人的成长和发展过程，是一项十分复杂的系统工作。它比自然界和社会上的其他任何一项工程都更加宏伟和艰巨，需要人们终生为之奋斗。在人生的全程，丝毫来不得半点盲目和随意，稍不注意就会出问题，影响人生价值的实现。人生过程是一项系统工程，需要人们用科学的态度对待，这一点已为越来越多的人们所认识。

人生过程既然是每个人面临的一项实实在在的系统工程，人们就应该坚持进行系统分析。就应该充分运用逻辑思维推理和分析计算的方法，在确定或不确定的条件下，寻找出发展自己的最优方案。在人生的道路上，许多人都有这样的感觉，就是常常遇到许多问题不知如何对待是好，往往弄得人们心神不定，忧虑重重，以至作出许多错误决定，严重影响了自己的成长和发展。掌握了系统分析的方法，善于运用思维科学，经过严密的逻辑推理和数学分析，遇事就可以找出最佳方案，防止作出错误选择。然而，把数学计算分析的方法用于人的自身管理，对于多数人来说尚是一个新问题。至今许多人仍然只知对别的方面的问题进行计算，而不知把数学的方法运用于自身的成长和发展。系统科学告诉人们，对自身的管理也必须进行分析。尽管对人生过程的许多问题难以作出准确的数量分析，但是有了分析意识，哪怕是模糊的分析，也是十分有益的。人们对待人生过程中的成长和发展也应该力求做到胸有成"数"。有数则头脑清醒，不走或少走弯路。

系统科学方法要求人们在选出最优方案后，还必须坚持实行系统管理，即在方案实施过程中，采取一整套科学的措施和办法，以保证系统工程思想和系统分析方法的实现。事实上很久以来，人们就开始对自身的成长发展作系统工程的思考和分析，如毛泽东概括总结出的德、智、体全面发展的思想，现代人才学总结出的德、识、才、学、体全面发展的观点，都具有系统工程和系统分析的思想。但是，以往只有一些人从这些思想中得到了益处，而许多人尚未得到益处，关键的问题在于是否善于对自己实行系统管理。系统管理要求人们对于自己的成长，不但应该有崇高的目标，更应有科学而且严格的管理方法。系统管理是在系统工程、系统分析的基础之上产生的，因而有极强的科学性，不允许有任何随意性。否则一切都会落空。没有系统管理，自我成长的一切美好设计都不过只是一张图纸。任何工程的完成都需要管理，这是人们所熟悉的。但人们也应该牢牢记住，对自身的发展亦必须进行严格的系统管理。

（2）行为科学的方法

行为科学作为一门应用科学是在20世纪40年代末出现的，是管理科学的一部分。它主要研究人的动机和需要，是国外企业管理的重要方法，以往主要由企业家用于管理他人，现在已开始向人的自我管理渗透。

行为具体地表现在每个人身上，是受人们思想支配而表现在外面的活动。人们要想成为自己命运的主人，除了要管理自己的思想之外，还必须注意管理自己的行为。把行为科学的方法用于自身的管理，其实质意义是把由别人或外界支配自己的行为，变为由自己支配自己的行为，通过自己的有效活动，实现自己的美好命运。从这一意义上看，把行为科学用于自我管理，是使人们真正成为自己命运主人的重要步骤。

正确的动机和需要是一个人成长发展的重要动力源泉。人的形象总是通过行动表现出来的，只有正确的行动才能塑造出高大的形象，历史上的杰出人物的形象都是由他们自己身上的那些有益于人民的行为塑造出来的。

思想对于人来说是内在的、隐蔽的，行为则是活生生的、看得见的。有史以来，人们总是根据一个人的行为来评价他的思想。思想支配人的行为，而正确的行为不但可以使正确的思想得以成为现实，而且可以把某些不正确的思想消灭于萌芽状态，推动人们实现正确思想和正确行为的统一。有了正确思想和正确行为的统一，人们才能不断地成长进步。

行为科学的方法不是孤立地研究人的行为，它主要是研究如何使自己的行为正确而有效。正确有效的行为来源于正确的思想动机和需要，行为科学的方法正是从思想动机和需要出发来研究人的行为的。它研究人的多种动机和需要，研究不同需要不同动机产生的不同行为，研究各种行为可能产生的后果，引导人们选择最佳行为，争取最好结果。它给予人们的是如何正确行动的科学方法，而不是简单的机械行动。从这一意义上说，行为科学的方法给予人们的是如何实现思想动机和行动的完整统一。

行为科学方法的实质是引导人们认识什么样的思想动机和需要是合理的，什么样的思想动机和需要是崇高的，它引导人们把自己的思想、言论和行为纳入合理和崇高的轨道。

（3）预见未来的方法

科学地预见未来是一切管理工作都必须遵循的一个重要原则。任何真正的高瞻远瞩、运筹帷幄都是以科学地预见未来为基础的。当今世界人们已经把科学地预见未来视为科学管理的头等重要任务。

所谓科学地预见未来，指的是事先对事物的发展趋势和发展状况作出有科学根据的判断。这种判断不是从天上掉下来的，而是在用科学的方法研究并把握事物的发展规律，并正确分析和估计事物的发展趋势之后得出的结论。

人类在漫长的生产斗争、社会斗争、科学实验的实践中，逐步认识到人有预见未来的能力。建立在对客观事物正确认识基础上的科学预见，是人们正确行为的先导。

长期的人生经验表明，科学地预见未来，能够大大提高人们成长发展的自觉性，减少盲目性，使自己在人生道路上获得主动权。

人和宇宙间其他事物一样，发展变化是有规律的，因而人们对自己的前途是可预测的。要想科学地预测自己的未来，首先应该有预测未来的意识。有了预测未来的意识，才能不断自觉地预测自己的未来。其次还必须懂得，预测未来不能凭个人良好的愿望，必须以科学的态度办事，必须掌握科学预见的逻辑思维方法。

预见未来的方法很多，如根据人生发展变化的规律来预测自己的成长和发展。人是在一定的条件之下成长和发展的，人们如果能遵照人生发展变化的规律，积极创造成长进步所需要的条件，就有可能得到光明的前途。这是人们预测自己未来常用的方法。随着预见未来成为一门科学，人们预见未来的方法日益增多。从大的方面说，有直觉性预测法、探索性预测法；从具体的方法上看，有头脑风暴法、科学幻想法、趋势外推法、类比法、远景树图法、学习曲线法等。

三、稳定感情

（1）注意自己的速度

神经质和感情不稳的人大多急于追求理想，不注意节奏。按心理学的概念来讲，这是要求过高。它相反暴露了自己的不足，为了掩盖这一不足就进一步提高理想，最后导致恶性循环。我们应该注意这一点，要求的标准应符合自己的实力（比自己的实力略高），随时注意自己的速度，这是控制感情的技巧。要保持自己的速度，就不要过分竞争。

要求过分高的话，伴随而来的往往反而是失败的经验。鼓舞人们斗志的最大动力是成功的经验，是别人的赞扬。因此，任何时候你都应竭尽全力避免失败。当然，偶尔的失败也是难免的，但为了克服自卑感，纵然失败了，你也应该首先将失败的教训当做成功的经验来看待，以便以此为契机使自己涌现出一种积极性来。

（2）要做一个现实主义者

要现实一点。苦于自卑感的人大都生活在空想和幻想的世界里，一点也不现实，特别是对自己的能力估计得更不实际。俗话说："人贵有自知之明。"一定要客观、冷静地看待自己的长处和短处。在判断环境状态时，也要客观些。特别是在失败了的时候，不能破罐子破摔，要冷静地分析失败的原因，从中吸取经验教训，为下一步行动做准备。客观地认识失败也是控制感情的手段。

（3）要看到自己的长处

苦于自卑感和不安定感的人，大多是对自己的缺点看得很重，忽视了自己的长处，这对自己是不公平的。当今社会是个发挥个性的时代，应该尽力发挥自己的长处。不妨自我检查一下，从中发现自己的长处之所在，然后努力培养发挥它。

（4）不要忘记感情净化

心情郁闷，要尽量抒发出去，如同对待胃病一样需要尽快地把胃里的坏东西排出去才好。将郁闷之事诉说出来自己会感到轻松。天主教徒的忏悔就是这个道理。在进行感情净化时，一定要选择好诉说的对象，一定要选可以信赖的人。要找善于听人谈心的人，不要找爱说教的。还有，不要过分，过分的话，很可能由此而养成习惯，变成爱发牢骚的人。

（5）注意磨炼人格

磨炼人格既不是兴趣，也不是高尚的娱乐与修饰，从古代就有这种现象。现代社会中，磨炼人格应该与生活和工作相结合，要想在复杂的社会生活和困难的工作环境中取得成绩，不仅要有健康的身体，还要有顽强的性格。磨炼人格应该像重视锻炼身体和重视学习一样放在心上。看似绕远道了，但可以说磨炼人格是尤其重要的问题。

6. 善于处理生活中的各种矛盾

有这样一个个案：杰克和保罗在纽约的同一街区长大，是多年的好朋友，在同一个公司工作，他们几乎是形影不离，无话不说。杰克因上司的信任，被提升为业务主管。保罗为杰克的提升而十分高兴，邀请朋友到酒吧为他庆贺。杰克是个对工作要求十分严格的人，对违纪和不能按要求完成任务的员工从来毫不留

好素质是这样养成的

情。在一次业务活动中，保罗因为偶然的小事故没能按时完成预定的工作，杰克还是当着众员工的面对保罗提出指责。保罗虽然默默地承受了这一切，但这件事后，保罗明显地疏远了杰克。这件事对杰克来说只要高抬贵手就行了，但杰克不愿失去做人的原则和在员工中的形象，当然，这意味着他同时也得面对失去友谊的危险。

在社会生活中，类似杰克所遇到的那种似乎难以解决的矛盾有很多，是否善于处理生活中的各种矛盾，这是一个人是否机智、老练、理智和经验丰富的标志，从中也能看出这个人是否具有担任领导职务的素质，在员工中是否能树立起威信。

你想知道自己是否善于处理生活中的各种矛盾吧！请你做下面这个测验，看看你自己是否能妥善地处理这里所列出的10道生活难题。

下面有10道题，每道题都有4个备选答案。请你根据自己的实际情况，在题目下面圈出相应字母，每题只能选择一个答案。

1. 要是你与同事由于一些问题产生了矛盾，关系紧张起来，这时你将怎么办？

（1）他若不理我，我也不理他。他若主动前来招呼我，那我也招呼他。（2）请别人帮助，调解我们间的紧张关系。（3）从此不再搭理他，并设法报复他。（4）我将主动去接近对方，争取消除矛盾。

2. 如果你被别人错误地认为干过某件不好的事情，你将怎么办？

（1）找这些乱说的人对质，指责他们。（2）同样捏造一些莫须有的事加在对方身上，进行报复。（3）置之一笑，不去理睬，让时间证明自己的清白。（4）要求组织上调查，以弄清事实真相。

3. 如果你的两个领导之间关系紧张，你将怎么办？

（1）哪一边得势就倒向哪一边。（2）采取不介入态度，明哲保身，不得罪任何人。（3）哪一个领导人正确就站在哪一边，态度明朗。（4）努力调解两位领导人之间的矛盾。

4. 如果你的父亲和母亲老是为一些小事争吵不休，你准备怎么办？

（1）根据自己的判断，支持其中正确的一方。（2）尽量少回家，眼不见为净。（3）设法劝阻他们争吵。（4）威胁他们：如果再吵，就不认他们为父母了。

5. 如果你的好朋友和你发生了严重的意见分歧，你将怎么办？

（1）暂时避开这个问题，以后再说，以求同存异。（2）请与我和他都亲近的第三者来裁决谁是谁非。（3）为了友谊，迁就对方，放弃自己的观点。（4）下决心中断我们之间的朋友关系。

6. 当别人妒嫉你所取得的成绩时，你将怎么办？

（1）以后再也不冒尖了，免得被人妒嫉。（2）走自己的路，不管别人持什么态度看待我。（3）同这些妒嫉者争吵，保护自己的名誉。（4）一如既往地工作，但同时注意反省自己的行为。

7. 如果工作需要你去处理某一件事，而处理这件事的结果不是得罪甲，就是得罪乙，而甲和乙恰恰又都是你的好朋友，你将怎么办？

（1）向甲和乙讲明这件事的性质，想办法取得他们的谅解，再处理这件事。（2）瞒住甲和乙，悄悄把这件事做完。（3）事先不告诉甲和乙，事后再告诉得罪的一方。（4）为了不得罪甲和乙，宁可不考虑工作上的需要，不去做这件事。

8. 如果你的爱人虚荣心太强，你很看不惯，你将怎么办？

（1）检查一下对方的虚荣心是否同自己有关。（2）利用各种机会经常劝导他（她）。（3）听之任之，随他（她）怎么做，以保持良好的关系。（4）只要他（她）有追求虚荣心的表现，就同他（她）争吵。

9. 如果你对某一问题的正确看法被领导否定了，你准备怎么办？

（1）向上级反映，争取上级支持自己。（2）消极怠工，以发泄自己的不满。（3）一如既往地认真工作，在适当的时候再向领导陈述自己的看法。（4）同领导争吵，准备调到其他地方去。

10. 如果你同爱人在假日活动的安排上意见很不一致，你准备怎么办？

（1）双方意见都不采纳，另外商量双方都不反对的安排。（2）放弃自己的意见，接受爱人的主张。（3）与爱人争论，迫使爱人同意自己的安排。（4）到时独自活动，不和爱人在一起度假了。

根据你的测验总分，可以知道你处理生活难题能力的强弱。

0~6	很弱
7~12	较弱
13~18	一般
19~24	较强
25~30	很强

要是你的得分较低,说明你迫切需要加强自我修养,以提高自己妥善处理生活中各种矛盾的能力。以下建议可供你参考:

防止认识上的"自我中心"。这个社会需要人具有自信,但过于极端,则滑向了"自负",这时容易以自我为中心去考虑问题,只知道坚持自己的判断,这样就难以避免主观性和片面性,同时往往不愿意考虑别人的意见或做法是否有合理的地方,对自己又不善于作自我分析和自我批评,因而很容易导致矛盾激化。正确的做法是,在与别人发生矛盾时多从对方的立场来考虑问题,这样就容易发现对方主张的合理地方和优点,纠正自己的片面性。

顾全大局,在坚持原则的前提下作必要的让步。即使在确信自己的主张更有道理的情况下,也不一定非得要对方放弃他们的主张而服从自己。可以考虑以下几种解决矛盾的方式:

- 接纳对方意见。对于非原则性的小事,应尽可能顺从对方的意见。
- 融合双方意见,各取所长,形成新的意见。
- 提出折中意见,双方都作出让步,以使大家都能接受。
- 让不同意见并存,由时间来证明是非或事实真相。

在这方面,已故的周恩来总理可以说有高超的独到之处。在现代中国历史的舞台上,毛泽东和周恩来可以说是最成功的搭档。

讲究处理矛盾的方式方法。如果遇到一些原则性问题,虽不宜向对方让步,但我们应注意选择避免矛盾激化的方法。在良好的动机和激情的支配下,人们在处理问题时往往容易冲动,因而常常采用错误的方式来处理问题,从而导致矛盾的激化。这就需要自己逐步积累社会生活经验,在采取行动前充分考虑到各种处理方法将产生的结果,加以比较,从中选择一种最好的处理方法,这样许多问题就可以顺利解决了。如前文所举的例子,杰克如果在事前或事后找保罗推心置腹地交换一下意见,问题就很好解决了。

第三章
发挥自己的能力

处理感情问题更需要慎重，许多人一坠入爱河，就忘乎所以，不辨东西。有这么一个故事：有一个男人痴爱某个女人6年，可那女人实在无情可言，又不愿勉强，所以最终还是冷漠地拒绝了对方。这个男人为情所伤，调到了一个很偏远的地方。然而不久仍给对方频频去信，虽然不再言爱，字里行间仍然蓄满深情。为了彻底斩断情丝，那女人只字不回。信一封一封地来，被女人压了厚厚的一叠。一日，又收到男人的信，平淡地告诉女人他已结婚，妻很贤慧柔美。又一日，女人上街购物，遇到一朋友，与那男人也是朋友，女人兴致盎然地打听他的近况，问及其妻，友人诧然说：他还没找对象呢！这男人很痴情，但在一棵树上吊死，确实不值，况且失去了很好的工作职位。人们不是爱说"天涯何处无芳草"吗？博爱之中也会有爱情的收获。

知识链接

毛泽东

　　毛泽东（1893年12月26日—1976年9月9日），字润之（原作咏芝，后改润芝），笔名子任，诗人。湖南湘潭人。毛泽东同志是伟大的马克思主义者，伟大的无产阶级革命家、战略家、理论家，是马克思主义中国化的伟大开拓者，是近代以来中国伟大的爱国者和民族英雄，是党的第一代中央领导集体的核心，是领导中国人民彻底改变自己命运和国家面貌的一代伟人。他对马克思列宁主义的发展、军事理论的贡献以及对共产党的理论贡献被称为毛泽东思想。毛泽东被视为现代世界历史中最重要的人物之一，《时代》杂志也将他评为20世纪最具影响100人之一。

好素质是这样养成的

7. 始终致力于个人发展

自我发展是个人获取功名的重要条件,许多人因为厌倦、懒惰、目标不专一等原因,丧失了成就功名的机会。

一、抵制厌倦

有这样一个故事:汉克是被称为英国最不成功的男人。从生下来到三十几岁一直坐在轮椅上,不说话,从不干任何事,对外界的任何刺激几乎没有反应,只能扭转一下头,双目无光地盯着你。心理学家们认为汉克是厌倦的最惨受害者。当汉克小时,其父母否定他的一切想法和做法,终使他感到厌烦,干脆什么也不做不想。

厌倦对一个人自我发展元气的损伤是无可比拟的,它不但使一些平庸者终生无所作为,也将磨掉那些具有才华的人的创造锋芒;不但能使人陷入活动减退的烦恼之中,而且会产生被心理学家称之为"实验室神经病"的一种心理疾病,扼杀一个人对事业的兴趣。很明显,厌倦是个人发展的杀手。

高效率学习方法的研究专家们说:"从开始就毫无学习欲望,或者说,对什么都厌恶,这样的人是没有的,懒惰是面对某种有效的活动缺乏兴趣的表现,而不是原因。"的确,厌倦不是原因,而是结果。前面所谓的"实验室神经病",就是因为吃力地、缓慢地从事某项研究却又终无成果而产生的。另一方面,由于感到生活和工作枯燥乏味,极为单调,或感到沮丧,从而阻止成长和进步,最终也会使人感到厌倦。

抵制厌倦的最有效方法是激励。一个人如果没有愿望,就不会去学习,去发展自己。换句话说,一个人如果没有愿望,就不会去提高自己的成效。所以,要善于给自己提出和大目标相联系的、扣动心弦的、与切身利益休戚相关的小目标。这个小目标要适当,要"高"得具有足够的挑战意味,又要"低"得经过努力能够实现，以免望洋兴叹，失去信心，产生新的厌倦情绪。并且，在每经历一个小阶段，大体上达到一个小目标后就给自己以奖励，它将成为一种促使你上进的动力，促使你进一步挖掘潜力，不断前进，兴趣百倍地抓紧每一个今天。

二、用志不分

请看这样一个例子：胡安是赛马场上的资格骑师，只要他骑马上场，多数能获胜，为买彩票的人赚得可观的利润。原来，他曾向一老牛仔学习骑马术，很迅速地掌握了技术，但总不能赢老牛仔，换了好几次马也不行。胡安很丧气，认为不能实现自己当个好骑师的梦想。老牛仔后来告诉胡安说："骑马时必须一心一意注意驾马，全力发挥你自己的技术，功名成就只能赛后去享受。"

骑马是这样，致力于个人发展时也是这样。办事最忌"心猿意马"，注意力分散，要做的几件事样样都拿来摸一摸，却没有坚持做成一件。固然人脑可以在同一时间里做多种活动，如既参加会议，又同时写作与会议完全无关的文章。但从生理学的角度分析，你投给这两项活动的脑力绝不能是平分秋色的，要么你专心于开会，要么你倾注于写作。这符合"负诱导"法则，即脑的一处兴奋，其他处则处于抑制状态。如果你偏要让本应抑制的兴奋起来，那只能减弱本应充分兴奋处的活动。这样做，实际上是降低了工作质量，浪费了时间。所以在发展自己的工作学习能力时，要提倡时间专用和"抽屉式"思维。即当你考虑或做某件事时，就把脑子（暂且把它比作图书索引柜）里的这个"抽屉"拉开，进行专注的工作（或称选择开放），其他"抽屉"一律封闭，但这并不排除联想、推理等思维的活跃性。如果需要，你还可以再打开另外一个或几个有关的"抽屉"。这样，你的工作效率必然会提高。

"用志不分，乃凝于神"。不管干什么事情，集中精力，才能干好。18世纪法国启蒙思想家、《百科全书》的组织者和主编狄德罗在动笔写作时，其思想高度集中。由于他工作效率很高，从1746年正式编纂算起，至1780年发行最末一部，34年中他不仅为《百科全书》承担了大量的组织、编辑、审校工作，而且亲自为该书的历史、哲学、伦理、美学，尤其是应用科学撰写了1000多篇文章和条文，监制了3000多幅插图。与此同时，他还在哲学理论、文艺批评、戏剧艺术以及小说创作方面留下了不少杰出的作品。

三、控制惰性

最妨碍自我发展的因素莫过于惰性。

美国女排是世界女排中的一支劲旅,一次教练问队员:"世界上最可怕的是什么?"女排队员一时不知该如何回答。教练说:"不能战胜自己、克服惰性是最可怕的。"

惰性病患者的常见病是"明日复明日"。本来是举手之劳的事,总是不办,拖成一个紧迫的问题,在你最紧张的时候来抢占你宝贵的时间。惰性病患者的一个悲剧,是对于面前棘手的又比较重要的工作拖着不办,却去先办那些简易的琐事,让它们占满分分秒秒,还抱着"车到山前必有路"的侥幸心理,把困难拖到最后再说,结果棘手的事更棘手,简单的事也不简单了。不论是简单的还是棘手的事,一落到惰性病患者手里,就像山泉流进积水深潭里一般,难得再奔跃向前。更可怕的是,如果让这种惰性发展下去,它会产生一种永久的惯性。克服惰性需要付出代价,必须丢掉所谓的舒服,不惜失去常人眼中的快乐和幸福。要像对待敌人那样向惰性进攻,直至把它赶跑。研究效率问题的专家们说:"假如你有一项较大的工作,需要花费几个小时去完成。你不妨这样对自己说,等把它干完了的时候,你就可以清闲了,现在阻碍你去享清福的就是这项工作。然后,就像它是你的敌人一样,向它进攻,把它打跑,你便为自己赢得了休息时间。"

克服惰性的关键在于立即动手,你要写份市场调查报告吗?马上去调查,然后立即着手写作。你要向员工演讲吗?想好了就讲。切记,一旦你着手某件事后,就一定要完成它。精力在成功之中更新,而在事情的拖延中衰败。必须牢记,克服了懒惰的习惯,你就会跑在时间的前头,快速地发展自己。

四、有所不为

中国的孟子说过:"人有不为也,而后可以有为。"一个人活在世上的时间是有限的,一个人的能力、精力也是有限的,而人活一世,所遇到的事却是无法计数的。在无限纷繁复杂的事物面前,决不能件件都做。有不肯做的事,才能有做得成的事。

要做到有所不为,必须在复杂纷纭的事物面前,经常想到大目标。

许多卓有成就的名人大家,对有所不为的另一条经验是切忌庸俗。俄国大文学家契诃夫,一生最讨厌庸俗作风。据说他结婚前,连弟弟妹妹都不知道,后来不知道谁泄了密，宾客接踵而至。契诃夫一看不妙，同妻子一商量，就乘车悄悄离开了莫斯科。高尔基在评价契诃夫时说："庸俗是契诃夫的仇敌。他一生都在与庸俗作斗争。"

五、如何提高积极性

（1）树立一个高度适宜的目标

要有意识地树立目标，这个目标最好比自己的能力略高，但不要过高，然后便集中精力去实现目标。更重要的是要自己为自己树立目标。每个人应有自己的目标，由他人代定，或出自一种义务不得不定的目标，皆不可能成为自我发展的诱因。树立目标时自己参与的程度低，亦难以成为动机。正如父母认为孩子是自己的，才会努力去抚养一样，只有是自己的事情，自己的工作，以这种意识确立的目标才能与积极性相关联。因此，要树立一个由自己参加，发挥了自主性，并由自己实现的目标。

（2）要了解结果，体验成功的喜悦

树立目标之后，只要是在实现它，就要关心其结果，要了解执行得是否顺利。好比干了这么多活，应该就赚这么多钱一样，付出的努力应该得到反馈和奖励，因为成功感是开始下一步行动的基本条件。只有在人们所付出的努力有了结果时，人们才会体验到生存和工作的意义。

结果并不一定就是成功，有时失败也会变成一种鼓励。但无论意志多么坚强的人，也应该绝对避免连续失败。因此，就像开始时讲的，确定目标水准的工作很重要。

（3）不要出现司空见惯的情绪

要有好奇心。大多数人都有这样一种自然现象，同样的环境和状况持续时间长了就厌烦了，自然会产生一种愿望，要寻求新的。要注意培养这样一种心情，好奇心有时会受到自卑感和恐惧心理的压制，关键在于是否有勇气。

（4）要努力竞争

鼓起自我发展斗志的方法就是竞争。一个人独自干某件工作的效率，远不如旁边还有一些人同他一起干的效率高，心理学上称此为社会促进作用；竞争可促进工作取得更大的效果。因此，与他人竞争就是提高积极性的手段。关键是向你的对手了解一些具体目标，若对手太强反而不利，最好是找一位比自己稍微强一

好素质是这样养成的

点的对手。当然，可信赖的对手更好，可以得到更多的启发。

（5）要喜欢自我发展目标

本来讨厌的事还得干，就不如把它变为喜欢的事干起来更好。与自己有关的事情，谁都会认真地去干。拳击与摔跤对抗赛，如果选手都是本队队友就引不起兴趣来，如果是与其他队比赛气氛就出来了，因为大家觉得成败与自己有关。

知识链接

一个人活在世上的时间是有限的，一个人的能力、精力也是有限的，而人活一世，所遇到的事却是无法计数的。在无限纷繁复杂的事物面前，决不能件件都做。有不肯做的事，才能有做得成的事。

8. 有意识地培养自己的组织领导能力

每个人都具有领导者的潜能，许多人所缺的只是发现自己和有意识地培训自己。

一、组织者的领导素质训练

（1）认识自身潜能

自发团体组织者与委任制组织者的区分在于在前者的活动中任何人都有更多成为组织者的机会，因此，无法苛求组织者具备很多条件。其实，组织者最重要的是具备强烈的责任感及自觉性。若您已成为组织者，不论能力如何，只要有竭尽所能完成任务的干劲及责任感，至少也会有相当的表现。所谓"勤能补拙"，便是这个道理。

以这种心理准备去完成任务，即可自然而然地产生自觉与自信，而在不知不觉之中获得很大的进步。

第三章 发挥自己的能力

看来并不适合担任组织者的人，若在特殊情况下不得不担负起领导组织的职责时，心中油然而生的自觉性和责任感，将刺激其主动学习的信念，这会使其迅速地进入角色，从而使人有"士别三日，刮目相看"的改变。

总之，组织领导能力的产生当视情况而定，一开始即担忧适不适合做组织者，是不正确的观念。其实，每个人都有成为组织者的潜能，正如任何人天生都具有创造性一般。差别只在于是否能将这种与生俱来的天赋充分发挥。

（2）赢得信赖

有一种说法，成为一个成功的组织者30%是得自于天赋、地位与权限，其余的70%则是由该组织成员的支持程度所构成。

所谓的天赋是指自小就活跃于群体中，且有不愿屈居于他人之下的个性。地位及权限是指被上级任命为组织领导者之后，在组织内所拥有的职务及权力，相比之下，在构成领导能力的要素中，群体成员的支持及信赖显然比天赋、地位、权限重要多了。

相反的，不管获得多大的权限和地位，不论上级如何重视、支持，若无法获得团体成员的支持，则只能算拥有三分之一的领导力，而且将来必会完全丧失权威。

不可一世的独裁者及暴君，一俟其丧失了团体成员的支持，必定遭致灭亡的下场。当凯撒面对众叛亲离的最后结局时，亦只能悲痛地喊道："普鲁特斯，原来你也在内呀！"

支持和信赖是什么呢？就是身为一个代表人的说服力。组织者即团体代表人，代表人的工作担负着所有成员的共同意见，并代表所有成员与团体外的人交涉谈判，为团体成员争取利益。因此，组织领导者的交涉力、说服力的优异与否就成为成员对组织者信赖及支持的关键因素。对外、对上、对下、对有关人士不卑不亢地说该说的话，争取该争取的利益，具有卓越的这种交涉能力就能得到成员的绝对支持与信赖。若交涉不成功时，组织者应自责其咎，承担所有失败的责任。这种不逃避、不推卸的勇气与风范，将会令所有成员折服，自然产生支持及信赖的感情。

反之，若组织者每次交涉都失败，并且推卸失败的责任，将使成员产生拒绝合作的倦怠感。或者，组织者一旦成功，即毫不客气地独享功劳，也会引起成员的反感与排斥。

总之，不论是多么小的团体，身为组织者就必须有组织者的意识，诚心诚意地努力，尽量为成员谋求福利，自然会使成员由衷感动，从而赢得支持与信赖。

（3）善于倾听意见

在团体组织者的必备条件中，最迫切需要的是良好的倾听能力及擅于整合所有成员的意见。即使工作能力不是很出色，或拙于言辞，但若能当一个好听众，并整理综合众人的意见而拟定目标，就算是一个优秀的组织领导人才。

当组织者不能自己闭门造车，而要不厌其烦地倾听别人的意见。擅于倾听的组织者容易使人产生亲切感。因此，他必须是谦虚的，而且要有学习的态度，才能成为一位好听众。相反的，自我表现欲过强者常令人敬而远之。自己有说话的权利，更有听别人说话的风度，这才是民主的最高表现。

如果组织者在与人谈论时，能设身处地地耐心听人倾诉，并不计较谈话时间的长短，这种组织者必能得到众人的信服。所以，做一个好听众是成为组织者相当重要的条件。

"烦恼说给别人分担就减半，喜悦说予他人分享就加倍。"懂得这种人生哲理的人实属幸运，而能自然奉行的人更是生活的智者。

能设身处地地为他人着想者，便能以对方立场来思考或感觉，因此能让人有体贴温馨之感。不过，随着科技的日新月异，人与人之间的距离反而愈来愈远，能为他人着想的人已如凤毛麟角，作为组织者具备此条件便更显得迫切。

擅于整合大家的意见，就是要尽量综合所有成员的意向及想法，再经过分析整理，得出最具有代表性的结论。

对于看似互相对立或矛盾的意见，组织者须有能力找出两者之间的共同之处，并挑出优点而予以"扬弃"（此处的所谓"扬弃"是哲学用语），以掌握互相对立想法的中心思想，再创造第三个想法。

能辩证地整合、倾听成员意见者，必是一位优秀的组织者。即使开头不能做得很好，只要以此为努力的方向，终必能成为出色的组织者。

（4）使观念具体化

运用难懂、抽象化的文字，会让人摸不清头绪，不知所以然，使用矫揉造作的语言，各成员对该组织者必然敬而远之。即使是语言学家，为了使大家明了其理论，也必须从抽象的语言中走出来，将其观念具体化。

常人往往在不自觉中陷于语言的形式，结果只知语言而不知其具体的意义，这种现象，称为固定观念。所谓固定观念，也就是先入为主。在打破固定观念之前，好的创意便无法显现。

人类运用语言思考，往往把它抽象化，以求掌握自然的法则，但却很容易拘泥于固定观念。因此，必须注意观念的具体化，尽量使语言和事实趋于统一，才能够真正解决疑难。

要做到观念具体化，必须付出相当的努力。人往往被语言所蒙骗，以为已经明白其中意义。为了证实自己真正了解的程度，可以用"为什么"、"譬如"等概念来作自我检讨。"为什么"是真理的探求与创造的最强大武器，"譬如"则是对实践的理解。也就是说，组织者必须把知道的理论知识、经验教训灵活付诸现实，方能取得应有成效。

（5）畅行无阻的组织领导之要素

组织领导之道就是所谓的"三意"，即热意（热心）、诚意和创意。

热意就是抱着极大热情去做事的态度。是振奋之心，是斗志。组织领导者本身必须比团体成员多几倍的热心。

诚意就是真诚的意愿，是诚恳指导别人的态度。更具体的说法，可以把诚字分为言和成两部分，成言为诚，意思就是把承诺的事去完成或者实践。换言之，就是遵守诺言，言出必行。

允诺过的事，即使十分细微，也应竭力完成，才能获取团体成员高度的信赖。不因忙碌而忽略约好了的最细微的事情，这是杰出的组织者应该具备的。

此外，所谓创意，就是在创造新事物的狂热念头趋使下，不满足于现状，常常向新事物挑战，不断为改善、革新、创造而下功夫，从而产生新颖、奇特、能够帮助你实现愿望的好点子的思维过程。

改善是把有缺点、或不完美的地方加以改正；而革新则是针对本来已经很优良的事物，想办法精益求精而作不懈的努力；创造即努力思考全新的事物，这也是创意的最高阶段。富有创意的组织者往往备受大家的推崇。我们应该将眼光放远，不断地努力到底。

"三意"之中，最本质的还是热意。它表现在人际关系上，成为诚意，表现

好素质是这样养成的

在工作中则会产生创意。"三意"一体化便是通行无阻的组织领导之道。

（6）从助手开始起步

一开始便具备组织领导者条件的人毕竟不多，而且，如果真有具备如此才能的人，即使年纪尚轻，也早已被选任为正式的组织者。

因此，在众多团体活动的组织者中，第一次就真正充分具备组织领导能力的人并不多。对一般成员来说，毫无准备便担任组织领导者恐难胜任，因为其必须担当起谋求福利的重大责任。

基于这个原因，尚无组织领导经验的人，不要一开始便担任组织者，最好由助手做起，以便有循序渐进的学习机会。

身为一位助手的第一工作，便是协助组织者处理事务，并积极从中学习组织领导的经验与要领。至于组织者本身，则应该把助手当做下一任的组织领导者，有计划、有目标地作个别指导，给予其适当的权限，尽量给他代替领导者行事的机会。此外，更要认真地对他的工作加以查核，具体地予以辅导与纠正。

作为一位助手，应着重从以下几个方面培训自己。

- 要掌握活动的意义、目的和本质，并且要容易了解，采取贯彻到底的方法。
- 对团体成员加以引导，把握他们的意见和问题的要领。
- 成员意见的整理方法。
- 成员意见发生对立或因循守旧时，应该采取的解决方法。
- 解决问题的方法。
- 取得上司支持的方法。
- 团体活动情况的记录方法。
- 其他一切对组织领导有帮助的任何事项。

从学习和务实工作中培养自信心，培养成为组织领导者的素质。这样，一个人与其说是被培养出来，不如说与生具备的潜能被发掘出来。必然的是在学习过程中经历千辛万苦，但若能早日成为具有组织领导能力的人，付出再多辛酸也是值得的。一般来说，有过助手经验的人，比没有这经验的人，更能成为杰出的组织领导者。

二、组织者的技巧

（1）掌握人心的诀窍

为了有效地发挥组织领导能力，组织者懂得掌握上下、左右、内外有关人员的心态，说服他们、引导他们走向共同的目标。所谓掌握人心，是领导能力的重点之一。

要活用一件物品，必须了解它的法则，物品的法则就是物理。同样的，为了领导众人，必须掌握人心的法则，人心的法则就是心理。

这里简要介绍两种掌握人心的方法。一种方法是站在彼此同样是人的立场，以了解人的共同点。也就是说，先从了解自己出发，进而推测他人，以期了解人的共同点。另一种方法是，仔细观察人的行动，从而掌握他的行为法则，即从一个人的行为习惯去推测他的心理。

（2）点燃进取心

人天生便有着美好的"神"性，其中最好的是人个性中的自主性、自发性、协调性、积极性以及创造性等。

我们把这些美好的品质称为进取心。每个人都有着无止境的成长精力，而且这份精力不会枯竭，它会支持人们生存下去。这种心的燃料，只要被点燃，便会产生庞大的热能，成为强大的力量。

当某人被点着了心的燃料后，它便会连续地燃烧起来，到最后蔓延到使整个团体都处于熊熊燃烧的烈火之中。重要的是在于开始时，该由谁来为之点燃火种。组织领导者既为团体之首，其自身必须具备强烈的进取心，才能带动团体的每一个成员与你同心协力，达成目标。

而组织领导者的进取心从何而来？它源于心灵深处的使命感、信念、理想以及他追求人生意义、目的与生命价值的信仰。

只有主动去点燃团体成员的进取心，才足以激励大家行动的持久性，以使所有成员凝聚一心，共同完成团体目标。

（3）注重集思广益

一位组织者最大的失误，就是他偏离了团体活动的本质。解决这个问题的最佳方法就是"不耻下问"。

团体活动的最主要原则是集合群众的智慧，集合了大家的智慧，再大的困难也能迎刃而解。牢记这根本的原则，会使团体更快达成目标。

人非圣贤，组织者也不可能样样精通，许多事情只有借众人的智慧与协助才能圆满完成。

有一位白手起家的企业家的成功秘诀是"做到成功为止"。成动的秘诀就是如此单纯：屡败屡战，一直向失败挑战直到成功为止。但这需要极坚强的意志与不断努力的生活态度。

同样的，向问题挑战，也要抱着这种信念去努力，一直到懂了为止。不断地藉着大家的智慧来解决问题，是组织者处理团体疑难时最佳的方针与策略，在看重大家智慧的同时，积极客观地去粗存精，多加思考，并在各方面多下功夫研究，方能事半功倍。

预先将自己想请教的事一一列出，送给团体成员先行浏览，让大家有充分的考虑时间，对彼此沟通及取得实际成效有极大的帮助。

让大家动脑筋、出主意，除了必须有诚恳的态度外，轻松的气氛也很重要，以免大家觉得压力太大，影响效果。

此外还要存着感谢之心，以尊重对方想法的态度去征求意见，很容易达成默契，使对方说出连自己都意想不到的好意见来。

（4）激发自觉性

组织领导之道是让每位成员均能充分地发挥人的"神"性，也就是自主性和自发性。许多人错误地认为自主性就是不管什么事都擅自去做。这里必须弄明白任性并不等于自主性，但二者之间又有联系。可以这样说，任性是自主性的幼稚阶段，不成熟阶段。而自主性和自发性则是让每个团体成员自觉自愿地"各尽所能"。

所谓自发性是不要等待别人的命令才去做，是主动地做，有时候也可以称之为干劲。领导之道的要点，就是要团结大家的力量，使团体中的全体成员，均能充分发挥这种自主性和自发性。

有些人天生便有强烈的自主性和自发性，但大部分的人，必须经过教育才能加强。有一位权威人士曾说过一句最能体现教育意义的话："让人有自信！"这话实在很有道理。一个人如果能被他人重视，得到适当的委派，被称赞和获得积极客观的评价，其自主性将更容易发挥。

而善于引导，善于委任，善于称赞，善于鼓励，是组织领导者激发团体成员自觉性的重要因素。每个人都会因得到领导的称赞、鼓励、好评、重视而充满自信并且增强干劲。他今后的工作，也会因此产生极好的变化。

能够让成员决定性地改变对团体的认识，使他有自信，并且发挥他的自觉性，就是十分杰出的领导。

（5）用有价值的目标凝聚人心

无论何种团体都需要大家合作，同心协力地从事工作，完成计划。只有明确的目的、有价值的目标，才能团结大家的心志。

领导能力就是把目标确立好，让大家的心能紧密一致地团结起来。如果这个目标具有高度的价值，大家的精神自然会随之振奋，而团体的合作也会因此变得紧密无间。

组织领导者如果具有高远的志向、强烈的进取心以及明确的价值目标，就更能紧紧凝聚成员的心。因为大家一致期望的，也就是这样一位能力卓越的组织领导者。

所谓活用资源，就是把无用的物质转化为有用的资源，再进而发掘出有用资源的附加价值。平日均从小处着眼，不必拘泥于价值的大小，理由是积小可以成大。

只有这样，事事如此，才能让大家时时刻刻为实现资源的最大利用价值而努力。

有价值的目标就像黑夜中的火炬一样，团体的组织领导者必须高举它，带领大家前进。

（6）处理对立意见的技巧

开会时众人热烈地发言讨论是个好现象，但有时却因为过于激烈的辩论而面临争吵的局面。此时，组织者就必须格外小心地控制场面和情绪。

为了推卸责任而发生争执固然不好，但如果是为了讨论的内容，产生意见对立，甚而大家相持不下时，主动、迅速、机智地出来平息纷争、缓和气氛，则是把对立意见升华，进而引发新鲜创见的好时机。但此时，必须避免成员间恶言相向，要引导其客观、公正地讨论问题，并且冷静、细致地深入研究解决的办法。

有时，由于利害上的冲突，或彼此不投缘，完全是为对立而对立，为争执而争执。在这种情况下，问题的关键是向调解双方申明大义，创造条件，使之能在损失最小的情况下圆满化解矛盾。

矛盾的关键在于个性，处理的办法是"冷却"，那就是将发生对立的两个人有目的地隔离。在每次会议时，轮流调离二人，让未能参加会议者以局外人的身份，客观地看待团体的讨论，也可以藉此对因自己个性中的不足而引发对立的原因稍作思考。

这个做法可以使人的情绪很快冷静下来。另外，在黑板或者便条上写出产生对立的原因，了解原因再讨论，亦不容易动气，这样进行一段时间，便会有很大收获。

（7）如何安抚对立者

有许多人，因为思想偏执，时时固执于某种想法，不管任何事，都要习惯性地加以反对，这些凡事反对的人，生活在世界阴暗狭窄的角落里。在团体中，这类人只知反对，但又无法提出建设性的对策，这样反而会影响其他成员。

基本上，他们是工作伙伴，也并非拒绝参与，而仅是反对团体活动而已。此刻组织者虽然无法要求他们能主动予以协助，也应该说服他们不要反对。

这时，有必要请这些人冷静下来，说出反对的理由。也许他们并非根据客观的因素，而只是欲望没有获得满足。根本的方法是解开他的心结。既然无法直接改变他们的想法，不妨耐心倾听他们的不满，试着以磋商的方法，逐渐开导他们，以缓和他们凡事反对、拆台的强硬防卫态度。如果仍然不见效果，可以请求上级的支持者或其他工作人员，出面与之进行讨论。

一个人之所以凡事反对，还往往是因为在工作中被孤立，内心感到寂寞，一切事都不如意。人生只有一回，就这么活下去必不甘心。在这一点有关人生的话题上，便可作为沟通的桥梁。

这时候，应先忘记团体活动的事，也不要妄想说服他。而只是以一个朋友的身份，耐心听他的倾诉。在平心静气的交谈中，本来强硬的态度，也许会不知不觉地缓和下来，有时甚至会放弃固执的立场，而趋于中立化。

安抚对立者，不能使用极端强硬的手段，只有对症下药，才能"药到病除"。

（8）如何化敌为友

一个团体之中，总会有这类人，因为个性特点和欲望得不到满足而反对组织领导者。这时，可能是由于个人能力上的不足，以致没有获得正面的评价；或者认为自己一定会被选为组织领导者，结果却落空了，心理上无法平衡，于是转而对组织领导者产生不满。

此刻组织领导者应委婉地暗示他愿望没有达成，应该反省是否自己能力不足、缺乏真正的领导才能，以致未能如愿当选为组织领导者，而不应以反抗的态度表示消极的对抗。其实，好表现自己存在价值的行为，正是不能获得其他成员支持的基本原因。若他仍无法领悟到这一点，那就应该及时地改变方式。暂且不说他反对的理由是什么，既然有胆量反对组织领导者，也正显露出他有一种负面的领导才能。最好的方法是恰当地利用这份才能，以发挥积极的作用。

具体的做法便是让他担任助手，或者是担任团体活动的主持人以及成果研制的负责人，这些引人注目的工作最适合这种表现欲强的人。在许多事情上与他商讨，请他带领大家工作，把他的力量应用到正面的工作上。这样一来，他可以直接获得成员的支持，成为组织领导者最忠实、可靠的帮手。分派给他们一项特定的工作，让他们有发挥自己能力的机会是组织领导者化解反对派，凝聚人心，团结奋发的有力武器。

另外，有些反对者，不是由于欲望没得到满足，而是在思想上把一切事物简单地拆分为你方和我方，这极易导致偏激的思想。这些思想脱离现实，看似完美无缺，但具体验证于现实情况时又充满矛盾。对这种人，必须用强有力的证据来反驳他的理论，使其从迷梦中清醒过来，客观、公正地看待问题。

请勿大权独揽。其实许多问题来源于组织领导者本身，当他个人在思索处理事物的方式方法时，许多问题就悄悄繁衍出来了，这是任何团体或组织共有的弱点。

团体活动中团体组织者责任重大，其中起决定性作用的与其说是决策者不如说是方针导向者。

方针上会有什么问题产生呢？那就是团体活动应是由大家合作进行的，而组织领导者常会不经意地将所有事务的决定权都一肩挑起。虽然这是基于组织领导者的使命感与责任感使然，但他却忽略了最重要的团体的本质所在，因而产生了很大的问题。

团体活动的本质，就是为克服一些少数人所无法解决的现存问题，而借群众的智慧，以团体合作的方式来解决问题。若退回到由组织领导者一人大权独揽的方式，就难免出现一些主观臆断、背离团体成员意愿的行为。

为了让大家对团体活动有所认识，必须排除大家对组织领导者不信任、不合作的态度。若失去合作的共识，结果会使一个原本想集合众智的活动，变成一个强迫大家接受组织领导者决定的集会，这就与原本的目的迥然不同了。这样一来，大家的不信任感就会造成对领导者的反感与敌对。

为什么要从事团体活动？应重新反省一遍这些根本的问题。"注重大家的才智，请勿大权独揽"，这是很重要的。

第四章
提升孩子的品德

好素质是这样养成的

1. 品德：做人的起点

任何事业的成功，还必须作出艰苦的劳动和巨大的努力，必要时甚至要献出个人的一切，包括生命。而崇高的道德品质能鼓舞人的斗志，促使人的意志更加顽强，信心更加坚定，增强战胜困难的勇气和力量。诺贝尔奖获得者都是登上事业高峰、荣誉高峰的杰出人物，按我们中国人的说法，诺贝尔奖获得者都是成了"龙""凤"的人物。诺贝尔奖获得者的成功经验表明，品德和才学是"龙"的两"翼"，只有两翼都非常坚实，才能高飞云霄，泽济人寰；如果有一翼软弱，就只能蛰伏在低处，难以振作。

1927年，马丁·罗德贝尔出生于美国的巴尔的摩。小罗德贝尔身体长得很结实，脑子又聪明，点子特别多。他家附近有一座小山，罗德贝尔小时候经常和小伙伴们到这里来玩。

有一天，小罗德贝尔又和他的小伙伴来到山上。今天玩什么呢？小罗德贝尔望着树林里叽叽喳喳的鸟儿，想出一个好主意："今天，我们打鸟儿吧，看谁最先打到一只鸟，我们就奖他一件玩具。"

"好，我们同意！"

于是，几个小伙伴便各找目标，分头行动。小罗德贝尔盯上一只麻雀，正当他暗暗地拿起弹弓瞄准时，麻雀突然腾空飞起。过了一会儿，麻雀落在查里家的窗台上。小罗德贝尔悄悄地靠近，然后躲在一棵树后面瞄准了麻雀。"砰"的一声，麻雀没打着，却把查里家的窗玻璃打破了。小罗德贝尔知道查里太太对人很厉害，等她出来就麻烦了，所以赶紧跑回了家。

小罗德贝尔把自己关在房间里，心里一直在不停地琢磨着：到底该怎么办呢？他想起爸爸曾经说过：做人要诚实，无论做错过什么，都要勇敢地承认错误。

"是的，我应该去认错。"经过一番挣扎，小罗德贝尔终于定下心来。

第四章 提升孩子的品德

"查里太太,刚才我不小心打破了你们家的玻璃,我来向您道歉。"

"原来是你干的。"查里太太瞪起了眼睛。

"这是我积攒的所有零钱,不知道够不够赔您的玻璃……"小罗德贝尔嗫嚅着说。

看着小罗德贝尔的一脸诚恳,查里太太心中的怒气顿时消散得一干二净。她温和地说:"罗德贝尔,能认错就是好孩子,这钱你拿回去吧,我不要你赔。"

小罗德贝尔上小学后,英文老师每次教了新单词总叫学生抄50遍,同学们谁也没照着做,因为英文老师从来没检查过。不料有一天,英文老师突然说:"同学们,把你们昨天抄的单词拿出来,我检查一遍。同学们都怕挨批评,于是纷纷推说作业本忘在家里了。当英文老师问到小罗德贝尔:"罗德贝尔,你的作业本呢?也不会忘在家里了吧?"

"不,老师。"小罗德贝尔递上自己的作业本。

英文老师接过来,马上皱起了眉头,问:"罗德贝尔,为什么只写了10遍?剩下的40遍呢?"

"老师,我觉得抄10遍就记住了,再抄40遍是浪费时间。"

小罗德贝尔的话让同学们大吃一惊:罗德贝尔不是找着挨批吗?但是,英文老师没有批评罗德贝尔,反而表扬了他:"罗德贝尔,你很诚实,你刚才说的话我会好好考虑的。"

从此以后,英文老师再也不让学生抄50遍新单词了。

就是这样,罗德贝尔从小到大始终保持着诚实的品格。这不仅是他生活的准则,也是他学习、研究的作风。他诚实地面对科学上的每一个问题,决不敷衍了事,一步一个脚印地在科学的道路上攀登,最终于1994年获得诺贝尔生理学及医学奖。

由此可见,德是人才之本。很显然,诺贝尔奖获得者之所以取得这样的成就,除了有高超的才学,他们还有高尚的品德。如果没有良好的品行,他们也不会成为杰出的人物,赢得世人的尊敬。

因为,强烈的事业心是人才成功的精神支柱,对于一个人的成就往往起着决定性的作用。但是,事业心不是凭空产生的,它是建筑在崇高的理想、远大的抱负、追求真理以及为人类的进步事业而献身的基础之上的,而这些正是道德品质的精髓和集中表现。

高尚的道德品质不仅是事业心的基础和动力，也能促使人的才能得到高度的发展。相反，那些追求个人的荣华富贵，贪图安逸舒适，为个人私利东奔西跑，缺乏高尚道德品质的人，是不可能真正做到为事业而献身的，他的才能和智力也不可能得到高度的发展。

任何事业的成功都有挫折和失败，而崇高的道德品质能鼓舞人的斗志，促使人的意志更加顽强，信心更加坚定，增强战胜困难的勇气和力量。贝多芬曾深有体会地说过："把'德性'教给你们的孩子，使人幸福的是德而不是金钱。这是我的经验之谈。在患难中支持我的是道德，使我不曾自杀的，除了艺术之外，也是道德。"

中国古人对此也早有精彩的劝诫："有才无德，其行不远。"无德的人不会有大志，不会一心追求为国家、为社会、为人类多作贡献。而一个人追求的目标与他的才能发展成正比，也就是说，理想越高，成就也就越大，对社会也就越有利。没有大志的人，根本不可能有很高的成就。此外，无德的人由于品行不端，不会见容于众人，不会见容于社会，这样一来，就更难有所作为。

而且，我们今天社会主义所需要的人才也需要家长关注道德教育。现在，只有又红又专、德才兼备的人才能在社会上站稳脚跟。某研究机构通过对部分大学毕业生的跟踪调查发现，用人单位一致提出，一个人首先要学会做人，做人是做事的基础；人都做不好，难免做坏事。中国古人也强调做君子，德胜才是君子，才胜德是小人，德才兼备才是圣人。

然而，现在部分毕业生过分重视知识和技能的东西，而忽略了做人的根本；过分重视功利的东西，而忽略了情感和理想。这就要求教育者进行教育时要以人为本，以德为本。要成才，先成人。

每位家长都希望自己的孩子成"龙"成"凤"，但如果只注重培养他们的一"翼"，而忽视了另一"翼"，就有可能让孩子成为"地龙"甚至"毒龙"的危险；只有在孩子的两"翼"上都下大功夫，使其全面发展，才有希望让孩子真正成"龙"，展翅高飞。

现在大力提倡素质教育，很重要的一点就是"先做人，后成才"，如果做不好人，也成不了才。一个无德之才，对社会是不可能作出什么贡献的；相反，损

第四章 提升孩子的品德

害性更大。

因此，教子成才，不能只注意孩子的智力和才能，一定要重视孩子道德品质的教育和培养。但是，高尚的品德如同高超的才学一样，都不是短时间就可以获得的，都需要从小就开始付出努力，无论是家长还是孩子。而且，在孩子的幼稚期，道德情感处于萌芽状态，各种道德行为也只是刚刚产生，逐渐出现最初的一些道德习惯，并逐渐发展为道德观念形态。因此，幼稚期是对孩子进行道德教育的关键期。

正如有一位儿童教育家说过："优秀的品格，只有从孩子还在摇篮之中开始陶冶才有希望。在孩子的心灵中播下道德的种子越早越好。"大教育家夸美纽斯也说过："一个人的整个生活既然全以儿童时期所受的教导为转移，所以，除非每个人的心在小时候得到培养，能应付人生的一切意外，否则任何机会都会错过。"

其实，家庭教育的首要任务就是从小形成孩子良好的道德品质与行为习惯，培养他们积极的个性特征，锻炼他们的独立能力，为他们将来成才打下了坚实的基础。

因为，孩子降生人世首先接触的环境是家庭，父母是孩子的第一任老师。随着孩子年龄逐渐增长，接触面也日益扩大。在父母的影响下，渐渐学着如何待人接物，处理好人际关系。这一过程也是孩子个性社会化的过程。孩子的处世态度、思想观念、心理发展的水平和特点如何，总是首先受到家庭的影响，甚至在一定程度上取决于家庭教育。因为家庭环境中的全部因素，包括家长的思想品德、个性特征、文化程度、职业特点、家庭成员结构和成员间的关系，乃至家庭的氛围等等均在孩子出生之日起，就不断地、潜移默化地、深刻地影响着孩子。

但是，我们的家长做得还很不够。

首先是未成年犯父母对孩子思想品德教育的忽视。未成年犯和普通孩子的父母在家庭教育中的最突出差异，表现在对孩子思想品德的关心程度不同。按照关心的程度排序，这两类父母对孩子关心最多的前三项是，未成年犯父母：健康、学习功课、吃饭穿衣，思想品德被排在第四位之后；普通学生父母：思想品德、健康、学习功课。"重智轻德"的教育价值观在未成年犯父母中表现突出。

亲爱的家长，如果您想把孩子培养成才，请记住贝多芬的名言："把'德性'教给你们的孩子。"

好素质是这样养成的

知识链接

中国古人对此也早有精彩的劝诫："有才无德，其行不远。"无德的人不会有大志，不会一心追求为国家、为社会、为人类多作贡献。而一个人追求的目标与他的才能发展成正比，也就是说，理想越高，成就也就越大，对社会也就越有利。

2. 培养孩子富有爱心

什么是爱心？

爱心，就是热情开朗的性格和对人、对物、对事的一贯关心的态度。

爱心，就是能觉察体验别人的心情，能站在别人的位置与角度，感受别人的欢乐、痛苦、烦恼、失望的心情。

爱心是人性的基础，一个没有爱心的人，是一个冷漠的人、一个与社会脱节的人。

古今中外，爱心被认为是一个人的基本道德和社会的灵魂。孔子说"仁者爱人"，孟子讲"王道"，都是以爱为核心。

近年来，由于家庭结构的日益"核心"化，大多数家庭只有一个孩子，我们不难发现，当社会对独生子女的自私、软弱、生存能力差等等缺欠表示深深的担忧时，这些缺点往往与独生子女在家庭中的位置是密不可分的。

大多数独生子女在家里仿佛只扮演一个角色——接受关怀、接受保护、接受给予。他们的位置决定了他们的思维方式和行为习惯，不可能跳离这个位置去看周围的人和自己。一个长期扮演被爱者角色的人是不会想到去爱别人的，即使有爱人的愿望，在家里也找不到能接受的对象。假如孩子有兄弟姐妹，那么就可以去调整、互换被爱与爱人的感受。他们得到的关心和爱实在太多，而引导他们去

第四章
提升孩子的品德

付出关心和爱的机会则太少。他们不懂得要与他人分享食物、玩具、图书，不知道父母在工作和家务的双重负担中付出的辛劳。他们习惯于为所欲为、有求必应的生活，认为这是理所当然的享受，很少想到别人的需要，以致相当数量的独生子女染上了自私、懒惰、任性、缺乏责任感和不会关心他人的毛病。

常常听到这样的事：有的父母心甘情愿地节衣缩食，省下钱来买昂贵的"名牌"，一味地满足子女的高消费；有的父母下岗以后，怕子女难过、委屈，瞒着家人去干累活儿、脏活儿，却仍让子女过养尊处优的生活。而更可悲的是，在这样的环境中成长的儿女给父母的回报却是冷漠和自私。

有位母亲说，她的孩子已经10岁，但是洗头洗脚、扫地铺床、倒垃圾、洗鞋袜什么都不会做。平时以学习为重，她不敢让孩子分心。假期里她想让孩子分担一些家务，如拿牛奶、刷鞋子、打扫自己的卧室等。可是，才干了两三天，孩子就不耐烦、不愿干了，并说："暑假是给我们学生休息的，不是让家长偷懒的。"还有一天，她头痛发烧，中午回家没做饭就倒在床上。孩子放学回来，不但不讲一句关心、体贴的话，反而大喊："你肚子不饿，就不管我的死活了吗？要睡也要先给我做好饭菜再睡。要不，就打电话叫爸爸回来给我做饭！"孩子的话，让这位母亲伤心不已。

列宁说过："假如你在年老时不愿悲伤——就不要忽视你们的孩子任何一种细小的行为。"父母若不在培养孩子的爱心上下功夫，就可能带给自己无穷的哀伤和痛苦。特别是年老时的悔恨和不幸。

当然，面对这些问题不能简单地责怪孩子了事，而要反省我们对孩子的品德教育是否缺少了"培养爱心"这一课。作为家长，必须让我们的孩子知道：为国尽忠、为民立业、孝顺父母、友爱同伴、尊敬长辈和老师、对周围的亲友邻居有礼貌、遇到有困难的人尽力给予帮助，这是作为一个人应该具备的重要素质，也是我们中华民族的优良传统。那么，作为家长，我们该从何入手培养孩子的爱心呢？我们总结为如下六点：

一、培养爱心

首先要落实在平时的点滴行动中。比如，每当父母回家时，就让孩子为自己拿拖鞋、搬椅子、端茶水、送报纸、递眼镜等。老人生病了，要启发孩子去慰问："您哪里不舒服呀？""想吃什么呀？""我来为您唱个歌、讲个故事、捶捶背。"并教育孩子把自己最爱吃的东西留给爷爷奶奶吃。家里有好吃的东西时，不让孩子独吃独占,要告诉孩子"大家分享才快乐",并教孩子知道谁更需要、谁最辛苦、谁有病痛、谁没回来,要给那些人留下应有的一份。还要引导孩子观察他人的表情,理解别人苦恼悲伤的缘由,努力想出办法来减轻别人的痛苦、烦恼,使大家快乐。

二、为孩子树立榜样

俗话说:言传身教。榜样的力量是无穷的,也是最有效的。要使孩子富有爱心,父母必须从自己做起,从孩子一生下来做起。

当代著名的社会生物学家威尔逊,有一次意外地发现一个有趣的现象:

一只雌性的成年斑鸠在看到一只狼或者其他食肉动物接近它的孩子时,便会假装受伤,一瘸一拐地逃出穴窝,好像它的翅膀折断了似的。这时,食肉动物就会放弃攻击小斑鸠转而攻击成年斑鸠,希望能够不费力地捕食这只"受伤"的猎物。

一旦这只成年斑鸠把这只食肉动物引到一个远离穴窝的地方时,它就会振翅飞走。这种方法往往能够取得成功,当然,有时也不免遭到不测。

斑鸠就是用这种富有爱心的举动来保护幼小的斑鸠,使它们能够活到成年。而在这种环境中成长起来的小斑鸠,由于受到成年斑鸠的影响,将来也会仿效其做法,借此来保护自己的幼鸟。

由此可见,爱心是一种后天强化的行为,只要父母提供榜样,孩子就会模仿。因此,父母在有意识地对孩子进行爱心教育的同时,更要以身作则,通过自己的言行来教育孩子,在家庭中营造爱的氛围。

曾有一则公益广告:一个孩子看见妈妈给家里老人打水洗脚,便也为妈妈端来一盆水,帮妈妈洗脚……那种充满爱的举动总是最能令人感动的。孩子身边的每个人都应以身作则,并以此去引导孩子。

大人们要孝顺长辈,在家里给长辈倒茶、盛饭、搬凳子,陪他们说话,逢年过节给长辈买东西、送礼物都可以让孩子知道,还可以请孩子发表意见该送长辈什么礼物。

大人们对孩子说话要温和、体贴,要常常与孩子进行情感交流,并给孩子适当的鼓励和表扬,让孩子直接感受到父母对自己的爱。

大人们还要注意使用爱的语言,比如:"你辛苦了,先歇一会儿!""别着急。我来帮你!""谢谢你为我所做的一切!"等。这样,孩子在父母的引导下,也学会了去爱他人。

三、教导孩子理解别人

可以经常让孩子把自己痛苦时的感受与别人在同样情境下的体验加以对比。体会别人的心情，这样可以让孩子学会理解别人，进而关爱别人。

例如，看到小朋友摔倒了，可以启发孩子："想想你摔倒时，是不是很疼？小弟弟一定很难受，我们快去扶他起来，帮他吹吹好不好？"这样，孩子关爱他人的习惯在不知不觉中就培养起来了。

四、在生活中培养孩子的同情心

同情他人是爱心的一种体现。缺乏同情心的孩子只关心自己，只顾自己的快乐，而无视别人的痛苦，甚至会把自己的欢乐建立在别人的痛苦之上，这种孩子是不会受到欢迎的。有同情心的孩子往往比较会关爱他人，因此，父母一定要帮助孩子培养同情心。

父母要学会利用生活中的事例，从侧面来教育孩子关心他人以及其他事物。比如，在看电视的时候，如果出现动物弱肉强食的画面，父母可趁机对孩子说："多可怜呀，人可不能这样子！"

人们发现，幼年时期饲养过小动物的孩子，感情比较细腻，心地比较善良。相反，从小没有接触过小动物的孩子感情比较冷漠，与同学发生矛盾冲突时表现为冲动易怒、出口伤人、行为粗鲁，并且会欺负弱小的同学。

所以，如果孩子愿意养小动物或植物，父母要尽可能允许他去养。在家中养一些小狗、小猫、金鱼等小动物，或者养一些花花草草，让孩子去照顾，这样也能培养孩子的爱心。

五、让孩子了解一些生活的真实情况

父母们总是担心孩子吃苦，担心孩子遭受挫折。尽管父母们自己面临着许多生活的曲折和坎坷，尽管父母们也有许多不快乐和不稳定的情绪，但他们总是竭力在孩子面前保持平静。他们总是希望孩子不要过早地承受生活的重担，其实这种做法是错误的。

事实上，父母要学会与孩子成为朋友，要学会让孩子了解一些生活的真实情况。有些父母总是自己累死累活，但对孩子的各种要求却还是无条件地满足，这样孩子只会越来越缺乏爱心。

有位妈妈，每天早上要把上学的儿子从床上拉起来，然后再自己赶着去上班。

好素质 是这样养成的

有一天,儿子又赖床了。妈妈生气地对儿子说:"我也想像你一样睡懒觉,不用去上班。可是,我不能这样做,我得去上班挣钱,因为你们学校马上要付学费了。你知道吗?"没想到,这次儿子乖乖地起床了。从此,儿子总是一到时间就主动起床。

一位外国妈妈的做法更是值得父母们学习,这位妈妈说:"我怀了两个孩子,一男一女,医生做检查时发现胎位不太好,说我可能会难产,生产过程会有一些不可预测的情况。于是,我请一个人来做摄像,把我的生产过程全程录像,并刻成光盘。我要把这个光盘送给我的孩子,让他们看看妈妈生他们的时候是多么不容易。"事实上,这种让孩子体验父母艰辛的做法往往能够震撼孩子的心灵。

北京一位身高1.8米的中学生在看完电视科普节目中的"分娩过程"后,忍不住流泪说道:"我可以想象我妈妈生我的时候有多痛苦,因为我出生时的个子很大。"

由此可见,父母不要刻意向孩子隐藏生活的艰难,而是应该让孩子了解一些生活的真实情况,让孩子从小就学着做一些力所能及的事情。只有勤快的孩子才会懂事,才知道关心体贴别人。

六、父母们要学会接受孩子的爱

事实上,纯真的孩子本是富有爱心的,但他们的爱心却一不小心就被大人们的某个举动或某句话给扼杀了。

2004年三八节的时候,家教专家、《家庭教育报》主编柴洁心曾经做了个试验,她让小区里几个孩子想办法给母亲过节。孩子们决定给母亲送上一杯浓浓的、甜甜的糖水,让妈妈们感到生活是非常甜美的。事后,柴洁心找到孩子们了解情况。

一个孩子说:"那天,我早早就等着妈妈下班。一听到她的脚步声,我就跑上前去,给她递上浓浓的、甜甜的糖水。妈妈一口就喝光了,脸上露出非常好看的笑容,还亲了我一下!"

另一个孩子说:"我可没有你那么幸运。我跟你一样,早早做好了准备。结果妈妈一见到我,就说:'这是干吗?你少来这一套,得几个100分比什么都好!'"

第三个孩子说:"我妈妈的脸,是在喝了一口糖水后耷拉下来的。她说:'傻丫头!你到底搁了多少糖啊?'"

这三位妈妈中只有第一位妈妈懂得让孩子知道为父母做一些事情,父母会有多么开心,并且充满感激地接受了孩子的爱。其他两位妈妈都忘记了应该向孩子索取一些爱,培养孩子的爱心。相反,她们还把孩子呈现出来的爱心一句话就推翻了。这样子做，难保孩子不会这样想：原来父母是不需要爱的，他们只需要考试成绩。一旦孩子产生了这样的想法，以后他可能会什么都不过问了，他们会逐渐变成一个不懂爱、不会爱的冷漠之人。

由此可见，父母应该让孩子参与到家庭生活当中，让孩子去爱他人，同时也要懂得接受孩子的爱，这样，你的孩子才会更有爱心。

知识链接

爱心，就是热情开朗的性格和对人、对物、对事的一贯关心的态度。

爱心，就是能觉察体验别人的心情，能站在别人的位置与角度，感受别人的欢乐、痛苦、烦恼、失望的心情。

爱心是人性的基础，一个没有爱心的人，是一个冷漠的人、一个与社会脱节的人。

3. 宽容：做人的首选风范

学会宽容、诚实和正直是"学会做人"的基本条件，也是"善于做人""敦厚做人"基本教养。宽容是精于做人的首选风范；只要有了它，诚实和正直才会真正地拥有用武之地，宽容他人，同时也宽容自己。宽容他人无意中对自身所造成的损害，也要宽容自己无意中造成的失误。

为此，要从小培养孩子的宽广胸怀。胸怀是指人的理想、见识、气量和宽人责己的态度。胸怀不是天生的，它是环境和教育的产物。心胸狭窄的人，自私、狭隘、妒贤嫉能，批评不得，失败不得。

家长朋友，为了让您的孩子有宽广的胸怀，一是做好榜样，要宽以待人、严以律己的原则处世待人，给孩子潜移默化的影响。家长身体力行，一个自私狭隘，针眼大的小事也要弄个水落石出甚至破口大骂的人，是培养不出心胸开阔的孩子的。

二是能多给孩子讲有关胸怀宽广者的故事，正面的有"将相和"；韩信受胯下之辱，挂帅后却不计前嫌，反而提升那个侮辱他的人；反面的有曹操杀杨修。通过故事让孩子知道，每一个人都难免有做错事的时候，人人都应该学会宽容与谅解。

三是让孩子多接触大自然和社会。孤陋寡闻的孩子心胸宽不了，见多识广的孩子心胸多为坦荡。

四是让孩子多参加集体活动，指导孩子如何与他人接触交往。在交往过程中，让孩子学会与别人共处，树立与他人共享的意识。在幼稚期，所谓的共享意识，就是有好东西能与大家分享，玩具能与小朋友一起玩。在此过程中，培养孩子帮助与关心别人的意识与习惯，要教育孩子不小气，热情大方，富有同情心，大度博爱。

家长可主动邀请小朋友到家里做客，并带着孩子一起来招待小朋友，引导孩子拿出自己的糖果、书籍、玩具等与小伙伴共同分享。家长也可以设置一些合作小游戏，或家庭成员，或邀请邻里的小朋友与孩子共同完成游戏，让孩子在游戏中懂得合作的重要。

此外，家长还应注意平时点滴的教育，鼓励孩子在与小伙伴交往中要主动与他们打招呼，主动接近同伴，帮助同伴。如此这样下去，渐渐地孩子便在群体生活中游刃有余了。

4．"感恩"是一种善于发现美并欣赏美的道德情操

一直以来，"感恩"在笔者心中是"感谢恩人"的概念。"恩人"者，乃于己有大恩大德者。而在美国的一次偶遇却让我悟出了感恩的另一层意味。

在洛杉矶的一家旅馆。早晨，我在大堂的餐厅里就餐时，发现自己的右前方有3个黑人孩子，在餐桌上埋头写着什么。在就餐的时间、就餐的地方，这3个孩子却没做与吃饭有关的事。我难以按捺心中的好奇，试探着走了过去。在这些

第四章
提升孩子的品德

孩子的应允下,我坐在了他们旁边。看到我这样一个肤色不同的外国人到来,他们没有一丝扭捏,而是落落大方地和我谈了起来。这3个孩子中一个约摸十二三岁戴眼镜的男孩是老大,女孩八九岁是老二,另外一个小男孩五六岁是老三。从谈话中我了解到他们和母亲是暂时住在这家酒店里的,因为他们正在搬家,新房还未安顿好。

当问他们在做什么时,老大回答说正在写感谢信。他一副理所当然的神情让我满脸疑惑。这三个小孩一大早起来写感谢信?我愣了一阵后追问道:"写给谁的?""给妈妈。"我心中的疑团一个未解另一个又生。"为什么?"我又问道。"我们每天都写,这是我们每日必做的功课。"孩子回答道。哪有每天都写感谢信的?真是不可思议!我凑过去看了一眼他们每人手下的那沓纸。老大在纸上写了八九行字,妹妹写了五六行,小弟弟只写了两三行。再细看其中的内容,却是诸如"路边的野花开得真漂亮"、"昨天吃的比萨饼很香"、"昨天妈妈给我讲了一个很有意思的故事"之类的简单语句。我心头一震。原来他们写给妈妈的感谢信不是专门感谢妈妈给他们帮了多大的忙,而是记录下他们幼小心灵中感觉很幸福的一点一滴。他们还不知道什么叫大恩大德,只知道对于每一件美好的事物都应心存感激。他们感谢母亲辛勤的工作,感谢同伴热心的帮助,感谢兄弟姐妹之间的相互理解……他们对许多我们认为是理所当然的事都怀有一颗"感恩的心"。

其实,"感恩"不一定要感谢大恩大德,"感恩"可以是一种生活态度,一种善于发现美并欣赏美的道德情操。人生在世,不如意事十有八九。如果我们囿于这种"不如意"之中,终日惴惴不安,那生活就会索然无趣。相反,如果我们像这些孩子一样,拥有一颗"感恩"的心,善于发现事物的美好,感受平凡中的美丽,那我们就会以坦荡的心境、开阔的胸怀来应对生活中的酸甜苦辣,让原本平淡的生活焕发出迷人的光彩!

一个哲人说,生活不是缺少美,而是缺少发现美的眼睛。而我想说,生活不

好素质是这样养成的

是缺少发现美的眼睛,而是缺少"感恩的心"。你看到了路边的野花,会觉得它们的存在是原该如此的,它们的美丽是理所当然!其实换个角度想想,它们开在了你必经的路边,它们今天开得正艳,而你看到了它们,这何尝不是一种幸运,不是一种幸福!

5. 经营感恩的心

在我常去图书馆的一条路上,看到一家花店,每天早上8时,花店门一开,便挤满了前来买花的人。有好几次,我总想近前看个明白,这家花店为何生意如此红火?后来从买花人口中得知,开花店的是一位年轻的小伙子,他每天逢8时开花店门,第一笔生意都是照本钱卖给顾客。

有一天,我想为朋友即将到来的生日买一束郁金香。我也赶早上8时挤进了这家花店。

我果然买到了一束我想要的黄色郁金香,昨天午后他开价80元,今天以开门第一笔生意的价钱只花了45元钱买到了。我对小伙子这种独特的经营方式很感兴趣。

一个夕阳西下的傍晚,我见小伙子忙完了一笔生意,正悠闲地修花剪叶,我连忙近前和他点头致意,而后我问他:"为什么会有开市第一笔生意照本卖的想法呢?"

他微微一笑说:"最重要的还是感恩吧!记得我刚在这条路上开花店时,我的父亲急需钱动手术,花店每进一个人我总跟人说出我赚的钱只是为父亲看病,奇怪的是人们听后很爽快且十分信任地和我做生意。后来我父亲用我花店赚的钱动了手术,身体日益康复。于是我就想,鲜花不能吃不能穿,只是人们用来传递美好的感情,鲜花又不是人们生活的必需品,我思前想后就定下了这个规定,每天以此形式答谢顾客。"

噢，原来如此。他恐怕做梦也没想到，正是那颗感恩的心使他的生意得到更大的回馈。

后来，因这条路上的门市拆迁，小伙子搬到别处去了，可人们还会想起他来，我敢肯定人们所挂念的不是小伙子的鲜花，而是他的那一颗感恩经营的心。

理解感恩容易，但实践感恩不容易。感恩不仅仅是感谢对你有恩的人，也是对你身边所有的人的感恩；甚至是对手，你也应该感谢他们给了你上进的动力。懂得感恩，能让你的心更宽更广，能让你走得更远，走得更稳。

6. 学会感恩，更要学会给予

前不久看到一则美国故事：感恩节的前夕，芝加哥的一家报纸向一位小学女教师约稿，希望得到一些家境贫寒的孩子的图画，图画的内容是他们想感谢的东西。

孩子们高兴地在白纸上描绘起来。女教师猜想这些贫民区的孩子们想要感谢的东西是很少的，可能大多数孩子会画上餐桌上的火鸡或冰淇淋等。

当小道格拉斯交上他的画时，她吃了一惊：他画的是一只大手。

是谁的手？这个抽象的表现使她迷惑不解。孩子们也纷纷猜测。一个说："这准是上帝的手。"另一个说："是农夫的手，因为农夫喂养了火鸡。"

女教师走到小道格拉斯——这个皮肤棕黑、又瘦又小、头发卷曲的孩子面前，低头问他："能告诉我你画的是谁的手吗？"

"这是你的手呀，老师。"孩子小声答道。

她回想起来了，在放学后，她常常拉着他黏糊糊的小手，送孩子们走一段。他家很穷，父亲常喝酒，母亲体弱多病，没工作，小道格拉斯破旧的衣服总是脏兮兮的。当然，她也常拉别的孩子的手。可这只老师的手对小道格拉斯却有非凡的意义，他要感谢这只手……

好素质是这样养成的

的确,一生中我们每个人都有需要感谢的东西,其中不仅仅有物质上的给予,而且也包括精神(心灵)上的支持,比如得到了自信和机会。对很多给予者来说,也许这种给予是微不足道的,可它的作用却常常难以估量。

我们要学会感恩,更要学会给予。不一定要成为百万富翁才能给予。其实精神上的给予比物质上的给予更让人感动。一个被雨淋得湿透了的人敲开了你家的大门,你能让他进来把湿衣服烘干,让他喝上一杯热乎乎的水,这比你给他百元大钞,然后让他离开更让他觉得温暖。

7. 及时、真诚地承认自己的错误

俗话说:"人非圣贤,孰能无过。"如果我们错了,就要及时承认。与其等别人提出批评、指责,还不如主动认错、道歉,更易于获得谅解、宽恕。凡是坚信自己一贯正确,发生争端总是武断地指责对方大错特错,从不认错、道歉的人,根本交不到朋友,或难以交友,永远缺乏知心人。

真心实意的认错、道歉,就不必推说客观原因、做过多的辩解。即使确有非解释不可的客观原因,也必须在诚恳的道歉之后再略为解释,而不宜一开口就辩解不休。否则,我们对自己的错误实际上是抱着抽象否定、具体肯定的态度,这种道歉,不但不利于弥合双方思想感情上的裂痕,反而会扩大裂痕、加深隔阂。

诚心诚意的道歉,应语气温和、坦诚但不谦卑,目光友好地凝视对方,并多用如"对不起""请原谅""请多批评指教"等礼貌词语。道歉的语言,以简洁为佳。只要基本态度已表明,对方已通情达理地表示谅解,就切忌啰唆、重复。否则,对方不能不怀疑我们在以小人之心,度君子之腹,唯恐我们不谅解。

有时候,自己本来没有错,也要道歉。如纯属客观的原因,比如气候变幻无常、意外的交通事故等等,使我们无意失信,却给对方带来一些麻烦、损失,为什么不可以道歉呢?一味强调客观原因,对方口头上不好责怪,但心情总是不愉快的，那就不利于增进友谊。如果我们有事求助于人，对方尽了最大努力，由于受多方面条件的限制，事未办成，但他为此付出了艰巨的劳动。或事虽办成了，但对方付出的劳动，给他带的麻烦，比我们原先预料的要多得多。凡通情达理者，岂能毫无内疚之感，不说几句发自肺腑的道谢兼道歉的话呢？这体现了我们对他人劳动的尊重，而且以后有求于他，也好再开口。

初相识时，我们主动表示歉意，就有助于较快消除对方可能有的隔阂、戒心，加强彼此之间的理解、信任及至合作，从而达到化"敌"为友的目的。

总之，为了减少各种隔阂和矛盾，使人际关系更加和谐，一定要养成真诚道歉的习惯。

8. 得体地道歉所要注意的要点

人一生中不会不做错事。知错而不肯承认的人，内心也会感到内疚和悔恨。也许，在人与人的关系中，越是有情感的人，就越是难以启齿表达歉意。

其实，歉意的表达能显示出我们内心的爱心。如果我们不会说"对不起"，那么，我们必定寸步难行。

表示歉意也是一门艺术。最佳的道歉方法应该简单明了，表里一致，真挚感人。在道歉的时候，必须注意如下几点：

（1）对自己所干的事承担全部责任。不要文过饰非，或者采取大事化小、小事化了的态度。让对方了解，我们认错了，以后会纠正过错的。

（2）倾听对方的诉说，包括他需要什么，需要听到什么意见。

（3）向对方赔罪。如果我们打碎了玻璃杯子，或者把酒洒在对方的衣服上，就要表示赔他杯子并且要赔罪。如果实在办不了，就要道歉，并送给对方合适的礼物。

（4）主观上要真心，说出其他存在的毛病更好，道歉对我们并不会失去什么，相反会得到别人的尊敬。

（5）要给对方时间以接受我们的歉意。要看到对方从发怒到消气，从不满到对我们的谅解，其中有个过程，需要时间。如果我们请他原谅没有当场被他接受，那么，稍后也要表达我们内疚和不安的心情。

（6）事后再谈发生纠葛的背景、起因和当时的处境。和解恢复后，可以回顾当时的一切。建立关系应该直截了当而不是含糊不清，模棱两可。双方都应明白什么可以原谅，什么不可以容忍。

（7）反之，当我们在听到对方道歉时，也要通情达理。听者应平心静气。如果我们还不原谅对方而大喊大叫，或纠缠不放，那么，症结就要转移到我们的坏习惯上了。如果我们冷静下来也需要时间，尽管提出来。别人向我们"敬礼"，我们也应该"还礼"。

（8）简单地说"请原谅""对不起"能弥补已经造成的裂缝和过失，现实生活中，某些纠纷的解决就是靠的道歉艺术。当然，话又得说回来，"请原谅"也不是一个具有无限魔力的词汇，但作为道歉，"请原谅""对不起"能表达出一个人的修养和诚意。

9. 真诚地道歉必须掌握的要领

为了成功地进行道歉，有效地消除彼此之间的隔阂，除了要注意前面介绍的要点，还特别要把握真诚的原则，具体要掌握如下要领：

（1）**态度一定要诚恳**

美国学者苏珊·杰考比说："在我最初的记忆中，母亲对我说，在说'对不起'时，眼睛不要看在地上，要抬起头，看着对方的眼睛。这样人家才会明白我们是真诚的。"

道歉首先要有承担责任的诚心和勇气。道歉不仅不是一件丢脸的事情，反而更能体现一个人良好的人品与修养。"负荆请罪"的典故中,人们不仅佩服蔺相如的"有容乃大",更佩服廉颇"有过则改"的勇气和负荆的真诚。有人道歉"犹抱琵琶半遮面",左一个"因为",右一个"假设",强调种种客观因素,或将责任推到他人身上,说"要不是他……我不会……",而很少扪心自问是否无愧。这样的道歉自然苍白无力,无法让人生出谅解之情。道歉要有诚意,能够坦率地说:"对不起,我错了,请原谅。"

(2)道歉要堂堂正正,不必奴颜婢膝

学会道歉,检讨自己,纠正错误,是一种美德和值得尊敬的事。因此不必躲躲闪闪,羞羞答答,但也不必夸大其词,一味往自己脸上抹黑,那样,别人不仅不会接受我们的道歉,甚至觉得我们虚伪。

(3)道歉一定要及时

即使不能马上道歉,日后也要找准时机及时表示自己的歉意。被评为"时代的鼓手"的闻一多先生,早年曾是"新月派"诗人,同鲁迅作过对。后来,当他发现自己错了时,鲁迅先生已经逝世了。于是他便借纪念鲁迅先生的大会,当众表示自己对鲁迅先生的深深歉意。他说:"反对鲁迅先生的还有一种自命清高的人,就像我自己这样的一批人。"讲到这里,他忽然转过头去,望着墙上挂着的鲁迅像,鞠了一躬,然后说:"现在我向鲁迅忏悔:鲁迅对,我们错了。当鲁迅受苦受难时,我们都正在享福。如果当时我们都有鲁迅那样的硬骨头精神,哪怕只有一点,中国也不会像现在这样了。"对于闻一多这种坦诚直率的品德,与会者无一不报之热烈的掌声。可见,及时道歉,在很大程度上可以弥补言行不当带来的不良后果。

在实践中,应注意以下几点:

①放下面子,及早认错。很多人一做错事,就会搬出很多理由试图保护自己,也有人碍于面子而不肯诚实认错。殊不知,这样做反而会招致反效果。做错了事,最重要

的是应该"自己先认错"。唯有自己勇于认错，才能冀望对方以"人非圣贤，孰能无过"的宽大态度给予谅解。

②用态度认错。所谓"用态度"是指，所表现的态度要发自内心真诚的感情。光是嘴巴认错，而态度却草率轻浮，这种认错，当场就会引起对方的反感。

人家在意的是我们的态度，而不是我们的言词。态度是否真诚，才是决定言词动听与否的重点。

③简洁扼要地说明事情经过。极力地为自己辩解反容易招致对方不谅解，但简洁扼要地说明事情经过和失败的理由，却也是必要的。因为，这样对方才能明了事情的状况。

④尽快做好自己能力范围内的善后工作。自己做错事而招致别人的非难时，应该了解对方之所以那么生气的原因。设身处地为对方着想，尽快完成自己力所能及的善后工作。

⑤即使有机会辩解还是要谦虚。言行不可冲动冒失，有话要说，应该采用"请教""请问"的谦虚态度。

⑥道歉要善于把握适当的时机，最好选在对方心平气和、心情较好的时候。"人逢喜事精神爽"，这时，他更容易接受我们的道歉，与我们握手言欢。当然，时间宜早不宜迟。道歉要善于选准适当的地点，最好是亲自上门道歉，或约对方到一个安静的地方，双方都能平心静气，自然也就容易推心置腹、开诚布公地谈一谈心，化干戈为玉帛。

（4）不便说出口的时候，要巧妙表达

当然，如果我们觉得道歉的话说不出口，或者是由于某种场合的特殊性不便说出口，不妨用别的办法来替代一下也可以。比如，送一束鲜花，甚至做一个动作，递一个眼神等等。在一次宴会上，丘吉尔先生和他的夫人面对面坐着。这时，人们看见丘吉尔先生的一只手在桌子上来回移动,两个手指向着夫人的方向弯曲,便问丘吉尔夫人:"您丈夫为什么这样有所思地看着您?他那弯曲的手指来回移动又是什么意思呢?"丘吉尔夫人介绍说:"在离家之前,我俩发生过小小的争吵,现在他正在承认过错,用弯曲的手指向我道歉呢!"

如果直接致歉不适宜,不妨在适当时间打个电话或发一封邮件或手机短信,向对方表示歉意。当然,也可以请一位彼此都信任的朋友代为转达歉意。

(5)要有耐心

也许我们的失误给了对方刻骨铭心的伤害,这时,道歉时我们要有诚心,更要有耐心。一次不行就两次,两次不行就三次。濒于失去耐心与信心时,我们要站在对方的立场上想一想:要是我们,我们能轻易原谅深深伤害自己的人吗?""精诚所至,金石为开。"只要我们敞开心扉真诚地对待对方,朋友间就不会有解不开的心结。

10. 养成乐于助人的习惯会使你更受欢迎

从小我们就接受这样的教育,要"乐于助人"。这里的"乐"有两层含义:其一是快乐,是说帮助别人是一件快乐的事,既有益于他人,又愉悦了自己;其二是乐意,助人的过程虽然需要有所付出,但更有收益,所以,理性的衡量,也要求我们乐于去帮助别人。

好素质是这样养成的

大家可能都听过这样一个故事：有人想知道天堂和地狱的区别，就去找上帝。上帝带他去地狱看，地狱里有一口装满食物的大锅，可这里的人却都饿得要命，因为他们每个人都拿着一个长柄的勺子，柄太长，食物送不到嘴里，所以他们吃不到食物。上帝又带他去天堂，结果看到了同样的装满食物的大锅，同样的长柄的勺子，所不同的是人们生活得很幸福、快乐，根本不存在饿肚子的情况。原来，天堂里的人们用长柄的勺子互相将食物喂到别人的嘴里。生活在互相帮助的世界里，人生才是美好的。

个人的力量总是很单薄的，当面对生活中的种种问题时，每一个人都需要别人的帮助。因此，一位哲人说过，人生的旅程是在别人的扶持下走完的。当一个人对生活中的某一问题无力解决时，我们如果能够伸出热情的双手，无疑会给对方以极大的力量与信心。特别是当一个人遇到挫折，处于逆境之中时，如果我们能够热情帮助别人，别人定会对我们产生强烈的好感。同时，当帮助别人之后，人人都会产生一种觉得自己很高大的感觉，而当别人又对我们报以微笑时，我们会觉得这个世界是那么的美好。这对人的自信心的确是极其有益的。

然而，很多人都忽略了帮助别人这一最简单的增进吸引力的方法。他们在抱怨人们缺少友情的同时，自己却不愿意对别人付出一点点的友情，即使是举手之劳也不肯帮助别人，正是这种心理将他们自己拒于友情的大门之外。正如戴尔·卡耐基所言："你要别人怎么待你，就得先怎样待别人。"

养成了乐于助人的习惯，在生活中你会更受欢迎，也会得到别人更多的帮助和配合，因而，你的发展道路上会减少很多障碍。

第五章
优化孩子的心理

好素质是这样养成的

1. 教孩子树立远大理想

我曾经参加一个电视栏目，认识了两个中学生。一个男孩儿，一个女孩儿。这两个中学生有一个特殊的情况，他们认识了一位生物学家。这个生物学家告诉他们，中国有一种叫白头叶猴的濒危动物，仅在我国广西有 200 只。现在人们要去了解它们的生活习性以保护这些野生动物，结果这两个人就有了一个梦想。于是他们从 2003 年开始利用这几年的寒暑假去跟踪调查白头叶猴。

环境非常地困难，茫茫的原始森林是野兽和虫子的天堂。每天睡觉之前都得先抖抖被子看里头有没有蛇，早晨起来先抖落抖落脚上的鞋看看有没有蝎子。这种猴是很难看到的，有一些老猎人一辈子都没看到过，所以他们的追踪很辛苦。有一天他们太累了，这个叫董月的女孩儿，一屁股坐在地上，她突然感觉不对，觉得腿刷刷地有东西在爬，原来她坐在了蚂蚁窝上，这种事他们遇到了许许多多，但是他们有一个梦想，一定要研究出白头叶猴的生活习性，一定要保护我们国家仅有的这 200 只白头叶猴。于是他们就有了精神，三年的寒暑假都是在大森林里度过的。一个男孩儿和一个女孩儿，这两个孩子的论文后来在美国纽约的世界少年科学家大会上获得了一等奖。男孩儿考上了清华大学，女孩儿考上了北京大学。我心里特别佩服他们，他们有梦想，他们实现了。

多年前，一位穷苦的牧羊人带着两个年幼的儿子以替别人放羊来维持生计。一天，他们赶着羊来到一个山坡，这时，一群大雁鸣叫着从他们的头顶飞过，并很快消失在远方。牧羊人的小儿子问他："大雁要往哪里飞？"父亲回答说："它们要去一个温暖的地方，在那里安家，度过寒冷的冬天。"他的大儿子眨着眼睛羡慕地说："要是我们也能像大雁一样飞起来就好了。"小儿子也对父亲说："做个会飞的大雁多好啊！"

牧羊人沉默了一下，然后对两个儿子说："只要你们想，你们也能飞起来。"

第五章
优化孩子的心理

　　两个儿子试了试,并没有飞起来,他们用怀疑的眼光看着父亲。牧羊人说:"让我飞给你们看。"于是他飞了两下,也没有飞起来。牧羊人肯定地说:"我是因为年纪大了才飞不起来,你们还小,只要不断努力,就一定能飞起来,到任何想去的地方。"父亲的话使两个儿子产生了飞起来的梦想,并坚持不懈地努力。

　　一天,牧羊人带回一个小玩具,用橡皮筋做动力,使它飞向空中。两个儿子觉得很好玩儿,照着仿制了几个,都能成功地飞起来。他们因此兴致倍增,并引发了造飞机的想法。经过反复试验,世界上的第一架飞机诞生了。

　　他们就是美国的莱特兄弟。

　　一位专家说得好,生命是有阶梯的,我突然想到了一种植物——竹子。竹子是一节一节长高的,它长了一节又一节,所以生命是有阶段的。我们家长要等待孩子一节一节地往上长,不要期望孩子一下子就长很高,那样肯定没有基础,所以生命的成长是有过程的。

　　专家还有一个很重要的观点,自我教育是最重要的教育。小赢靠智,大赢靠德,人要学会做人做事才有可能在人生的路上遇到挫折不害怕,遇到成功也不自满,才能不断地前进。所以,一个人有一种生命的欲望,再加上一种持续生命的动力,那这个人将来是不得了的。

好素质 是这样养成的

知识链接

莱特兄弟

莱特兄弟,指的是美国飞机发明家哥哥威尔伯·莱特(1867—1912)和他的弟弟奥维尔·莱特(1871—1948)。他们从小就对机械装配和飞行怀有浓厚的兴趣,从事自行车修理和制造行业,从1896年开始就一直热心于飞行研究。通过反复研究,在基蒂霍克沙丘上空对载人滑翔机进行了几度寒暑的试验之后,他们的梦想终于变成了现实。1903年12月17日,莱特兄弟制造的第一架飞机"飞行者1号"在美国北卡莱纳州试飞成功。莱特兄弟首创了让固定翼飞机能受控飞行的飞行控制系统,从而为飞机的实用化奠定了基础,此项技术至今仍被应用在所有的固定翼航空器。莱特兄弟的发明改变了人类的交通、经济、生产和日常生活。

2. 自我心象:成败的司令部

自我心象是自我的圆心,也就是自我的评价。换句话说,就是"我行"还是"我不行"的问题。只有积极的自我心象才能与积极的观念融为一体,从而变成指挥个体行为的巨大心理驱动力。

研究表明,诺贝尔奖获得者对自身能力始终都有积极、正面的自我评价,即"我信我行"。这些优秀的人才在童年时期喜欢独立自主,不喜拘束,对一切都充满自信,希望能控制四周的环境。同时,他们又很谦逊,直言自己的短处与不足。

范德瓦尔斯出生在荷兰莱顿城的一个穷苦家庭。他从小就爱读书,父母也有心让他多读点书。但很遗憾的是,家中境况一天不如一天,实在供不下去了,小范德瓦尔斯不得不中途辍学。尽管小范德瓦尔斯心里十分难过,但他也非常体贴

第五章
优化孩子的心理

父母的难处，毅然决然地到一家印刷厂当学徒工。

然而，读书的愿望一刻也没有离开过小范德瓦尔斯的心。他家距离著名的莱顿大学不远。每当他上下班路过莱顿大学时，总禁不住要停下脚步，在那里站立好久，凝望着这所驰名欧洲的名牌大学。

小范德瓦尔斯是个有抱负、有志气、勇敢顽强的孩子，并没有因此而自暴自弃，放弃目标。相反，他坚信：即使自己不能回到学校上学，自学也能成才。于是，他一边工作一边学习，开始了艰难而漫长的自学历程。

毫无疑问，自学的困难实在是太多了：没有老师指导，没有同学交流，更没有钱买书，重重困难曾使小范德瓦尔斯消沉和动摇，甚至有过一度的悲观失望。但他毕竟是个顽强的孩子，很快便建立起自信心。他阅读过许多名人传记。那些在艰难困苦中自学成才的专家学者，成了他学习的榜样，他佩服他们、敬重他们。他心里不止一次地说：既然他们能做到的事情，那么我也一定能做到。

凑巧的是，著名的哲学家莱顿·约翰的故居就在小范德瓦尔斯家附近。莱顿·约翰小时候的经历跟他颇为相似：出身低微，家境贫寒，做过裁缝、小贩和客店勤杂工等等。但约翰从小就好学，

好素质是这样养成的

有惊人的毅力和孜孜不倦的钻研精神，虽然只活了27岁，却成了独树一帜的大思想家。小范德瓦尔斯经常以约翰的事迹激励自己，每当在学习中遇到困难，他就立刻想起了约翰，默默地对自己说："约翰也跟我一样是个苦孩子呀，他能有所作为，我就没出息？"此外，莱顿城的中心有个小广场，那里耸立着荷兰伟大画家伦勃朗的塑像。小范德瓦尔斯每天早上上班时都要绕道去广场，仰望着这尊受人崇敬的塑像，心理默念："您也是莱顿人，您小时候比我还穷，做过油漆店的学徒，自学条件比我还差，可是您成功了！我一定要向您学习！"

靠着这种不断的自我激励，小范德瓦尔斯坚定信心，日复一日地刻苦攻读，终于打下了坚实的知识基础，并对物理学研究有了独特的分析和精辟的见解，引起了莱顿大学一些教授的注意，并得到他们的帮助。35岁时，范德瓦尔斯发表了题为《气体、液体连续性论》的著名论文，引起了世界物理学界的瞩目。后来，由于杰出的成就，他获得1910年诺贝尔物理学奖。

范德瓦尔斯之所以能在困境中坚持下来，最重要的是他在自己的心目中有副积极的"自我肖像"，即"我信我能"。其实，所有的诺贝尔奖者都有一副正面的"自我肖像"。从心理学上看，这些优秀的天才就是拥有积极自我心象。那么，什么是自我心象呢？

所谓自我心象，就是一个人在自己心目中的"自我肖像"，就是自己认为"我行"还是"我不行"的自我评价。在人们的头脑中，有两个巨人，即意识和潜意识；而且，只有这两个巨人的真正合作，才能实现每个人的成功愿望。自我心象就是二者的结合。

其实，对于自我心象，不管我们认识与否，也不管我们承认与否，它都客观地存在着。它不代表头脑，也不代表身体，它像意志、兴趣、情感一样是看不见摸不着的心理意象。它虽然不占有身体的某个器官，但它确确实实存在着，并在人的行为中起着主导作用。

自我心象有两种，即积极的自我心象和消极的自我心象。前者的核心是自信、乐观、有目标、有成效。后者的核心是自卑、自惭形秽、悲观失望、无目标无追求，或者是自负、嫉妒、猜疑、自高自大、自我中心，这种人根本不能也不会干大事，自己心里总认为"我不能"。

心理学家曾经做过这样一个实验，他把一条白斑狗鱼放进一个养着很多鲦鱼的大养鱼池内。白斑狗鱼是一种大型的凶猛鱼类，专以小鱼为食，而且特别喜欢吃鲦鱼。开始的时候，这条狗鱼在养鱼池内随心所欲地捕食。之后，心理学家在池子里放了一个透明的玻璃圆筒，并且把鲦鱼正好圈在圆筒里。

接下来，狗鱼由于不知道那个圆筒，所以当它再次试图捕食时，痛苦的事情发生了：它的鼻子重重地撞在圆筒上；而且，狗鱼在美食的诱惑下，不断地尝试。过了一会儿，狗鱼放弃了尝试，因为它那简单的头脑里形成了一个思维定式——不管猎物多么可口、诱人，自己多么饿，自己都不可能捕食到鲦鱼，而且会受到痛苦。

与此同时，心理学家又移走了玻璃圆筒。鲦鱼并不知道危险，游向狗鱼，有的甚至游到它的嘴边。尽管狗鱼稍微动一下就可以吃到美味，但它一动不动，因为那种痛苦的感觉以深深地印在它的头脑里了。没过几天，狗鱼被活活饿死了，尽管它的身边到处是美味。

狗鱼之所以被饿死了，是因为它不了解万物中最重要的和基本的一条原则——"我不能"不是一个事实，只是一个观念。

幼稚期的孩子可塑性非常强，而且每个孩子都具有许多潜能。但是，如果没有积极自我心象，孩子就可能把自己的潜能以各种理由忽略和否定。假如一个人能干什么，却总认为"我不行"，那就犹如自己做了一个"心灵之套"，这样的孩子，谁又能指望他有杰出的成就呢？

自我心象不是天生的。它是个体后天发育中与个体生活的环境、所接受的教育、接触的亲朋好友对自己的影响，以及自己的经历、自我体验等等的潜移默化，从而在自己的头脑中所形成的自我认识和自我评价。孩子若觉得自己很能干，很有成就，而且对自己的评价很好，也就能更健康地生活；将来就有足够的力量和创意去享受生命。孩子的自我心象是从童年开始的，然后随着年龄的增长而不断发展。父母是孩子发展自我心象的最关键因素，能影响孩子发展出积极的或消极的自我心象。

但是，我们的孩子的自我心象非常令人担忧。一位儿童心理学家对学龄前的孩子做过一项调查，让他们说一说自己的优缺点。调查的结果让这位专家心情十分沉重：孩子们大部分仅说自己的缺点，几乎很少涉及优点。一个对自己毫无正面评价的孩子，怎能经受得住激烈的社会竞争，怎能自立呢？

所以，应注重培养和提升孩子的积极自我心象，这是异常重要的；不要在教育过程中为其制造"玻璃圆筒"，帮孩子"砸碎"他们头脑中的"玻璃圆筒"。

3. 成为"主动发愤的人"

有积极心象者，是一种成功型的人才。积极自我心象的核心就是自信、乐观、高效率。它不仅仅是一种追求成功的积极心态，更重要的是，是一种自信、乐观的"产品"，仅有自信、乐观而无成就，等于游戏人生。具有积极的自我心象，是"主动愤发的人"，他们永不屈服，不达目的决不罢休。从心理上说，这是一个能欣赏自我、接纳自我、朝气蓬勃；奋勇上进，同时也是能与人合作并敢于接受挑战的人。可以说，这是一个从小就注定要成功的人。诺贝尔奖获得者就是这样的人。

那么，如何塑造孩子的积极自我心象呢？

第一，培养并保护孩子的自尊心

自尊心是自我心象和自信心的核心。它是一个人进步的动力。正如前苏联教育家霍姆林斯基说："自尊心是青年心里最灵感的角落，是学生前进的潜在力量，是前进的动力，是向上的能源，这是高尚纯洁的心理品质。"

所以，当一个孩子的自尊心降低时，用于学习和生活的动力和能量也就降低了，从而可能跌进失败的循环圈中。因此，培养并保护孩子的自尊心是家庭教育中不可缺少的一部分。

自尊心不是天生的，来源于自己的自爱、自廉、自我评价。自尊心是建立在自爱（廉耻心）和自强基础上的一种独立、自信、成就感和荣誉感的心理素质。那么，如何培养孩子的自尊心呢？

一是要从尊重孩子开始。

尊重孩子的感觉。家长不要否定或疏忽孩子的消极感觉。此外，家长要特别找时间引导孩子把这感觉消除掉。

尊重孩子与众不同的特质。把孩子身上的特质和性格列出来,发现并欣赏他的特质,这会让他感觉到自己是不能取代的,这点对于建立孩子的自尊心极为重要。

尊重孩子的想法和意见。每个孩子都有一些奇奇怪怪的想法,而且会老老实实地把心里的想法以及他为什么会有这种想法告诉你。他们需要你倾听或尊重他们的想法,但这并不意味着一定要赞同他们。此外,如果让孩子有个人的喜好,的确能帮助他们建立自尊和自信。

尊重孩子思考和解决问题的能力。不要老是想着为孩子解决问题,让他们自己决定并尝到作决定的结果,以便他们有独立自主的能力,这可是培养孩子积极自我心象的重要方面。另外,给予孩子自由成长的空间,放弃控制的欲望,与孩子平等交流。

二是把孩子身上的正面"肖像"反映出来。这是建立孩子的积极自我心象最有功效的方法。肯定孩子性格上的正面特质,找出孩子身上积极的性格并告诉他,用具体的话肯定和赞美。例如,"宝贝,你是个负责任的好孩子,自己就将玩具收拾得整整齐齐。"

除了承认并告诉孩子的优点、进步之外,还要赞美、欣赏、喜爱他的努力、成绩或学习的结果;而且赞美需要十分具体。

第二,培养孩子的自信心

自信是成功的起点,是前进的力量。自信心是孩子学习和生活成功的精神之柱。自信心是个人潜能有力的挖掘者,是个性发展最坚定的支撑力,是心理因素中最重要的组成者。

爱因斯坦,20世纪最伟大的科学家,但在他的累累硕果之前,经过一段严峻的自信心考验。他刚出生时,几乎所有人都认为这是愚笨的人,上学后,老师也看不起他,这种凄凉的环境,对一个稚嫩心灵的影响是可以想象的。可是他的父母相信他,相信他的指挥和发展前景,保护了孩子的自信,最终使其在物理科学的道路上显示了非凡的才能。这与其说是爱因斯坦天才的表现,不如说是自信心培养与保护的成功。

类似的事例还有很多,卡尔·威特,"哈佛女孩"刘亦婷,第一个聋哑女大

好素质是这样养成的

学生刘婷婷，其成功都离不开自信心的良好保护。

心理学家罗森塔尔曾经做过一个实验。他来到一个学校，对其中的一个班级里的学生说："你们都很聪明，都很有发展潜力。"事实上，这个班级的学生和其他班级的学生没什么两样。但是，几个月以后，奇迹出现了，老师惊奇地发现，与其他班级同学相比，这个班级同学的成绩有了明显的提高。这究竟是怎么回事呢？

究其原因，其实很简单，无非是罗森塔尔的话激发了同学们的自信心。自信心如同能力的催化剂，能将人的一切潜能都调动起来，能将人的各部分推到最佳状态。

不仅如此，充满自信的人，愿意充当角色，甚至接受挑战；充满自信的人，不容易在困难面前退缩，能较快地进行行为调整，以便迎难而上；充满自信的人，会从容对待失败，决不乐意接受失败，乐于重整旗鼓，从失败中崛起；充满自信的人，不仅有主见，而且富于创造精神，有目标地生活。这些不仅是一个人能力的基本展示，更是人们在认识与改造世界过程中必备的心理素质。

既然自信心有如此巨大的作用，那么，自信心是从哪儿来的呢？自信心并不是天生的，而是通过后天的生活和实践来培养的。而家庭是孩子最早的教育场所，家长是孩子最早的启蒙老师。因此，孩子是否有自信心与家庭教育有直接关系。

那么，家长应该如何培养孩子的自信心呢？

一是让孩子感受到家长的期望。家长的期望，可以使孩子产生信赖，并得到激励，从而产生教育效应。因此，家长在教育中要尽量避免给孩子消极的心理暗示和伤害，多给孩子积极有力的心理暗示。

家长的言行，可以激发孩子的才能，同时也可以抑制一个孩子的才能，既可以引发天才的显现，也可以抑制一个天才的显现。这也就是心理学中有名的"期待"实验，即"皮格马利翁效应"。皮格马利翁是古希腊神话中的塞浦路斯国王，他对自己的一座少女雕像产生爱慕之情，他的热望果然使这座雕像"活"了起来，两人终于相爱在一起。

二是正确对待孩子的短处，相信自己的孩子有能力做任何事，成为孩子自信心的源泉。自信来源于对自己优势的确认，以及随之而来的对自我价值的肯定，确认自己的优势是人的精神生长点。称职的父母独具慧眼，善于发现孩子的长

第五章
优化孩子的心理

处和优点，培育孩子最有潜力的精神生长点。

在一次调查中，发现成绩较差的孩子，50%以上是由于对自己缺乏自信而惧怕学习所造成的。而且，其中大多数孩子就因为听到家长说他："你太笨了！一点都不聪明。"就这样，孩子真的认为自己智力低下，结果一遇到难题就自我暗示："我很笨，解不出这道题。"于是思维力下降，便放弃了。

三是树立"我信我能"的心态。家长对孩子多激励、多鼓励，使孩子树立起一个积极的心态——我信我能。某杂志曾经就中小学生的自卑心理做过一次调查，结果发现：中小学生的自卑有80.16%来自家长。

由此可见，家长对孩子的评价直接影响到孩子的自信心的建立。

一个孩子如果在一个集体中总是受到批评、打击，他就可能认为"我是个失败者"，由此产生消极的自我心象。如果他转到另一个学校或班级，而老师总是表扬他、鼓励他，他可能会蒸蒸日上。此时，并非他突然变得有智慧了，而是他改变了对自我的定义，即他的自我心象发生了转变，使他由一个"失败者"而变成了一个"成功者"。

因此，家长要尽量多用积极肯定的语言鼓励孩子、表扬孩子，避免使用消极的话语评价孩子，如"你是没希望的人""我对你已失去信心""我早就知道你不行"等等；明确表示对孩子有信心，指出并肯定孩子的每一次成功，对孩子取得的每一项成绩都表现出无比的高兴；真诚地赞扬孩子的优点和进步，赏识孩子。

不要给孩子定过高的标准。当孩子遇到困难的时候，切忌批评指责，而是要用具体措施去帮助他渡过难关。这是帮助孩子建立自信的一个好办法。

四是预期成功。这是培养孩子自信心的一个小游戏。具体做法是这样的：为人父母者可先把技巧教导给孩子，帮助他们熟悉那些技巧，然后派他们出去参加"比赛"，对他们说："你一定办得到。"

说"你办得到"就是为孩子预祝成功，相信他们办得到。如果你不相信他，他也不会相信自己,他会因为不相信自己做得到而失败。

在这里,当你为孩子预期未来时,对孩子的能力要有实际的看法。不要强迫他做与其兴趣、年龄不相符的事或很难达到的事,要看重他身上还没有发挥出来的潜能;把自身的知识和经验交给孩子,让他有做事所需要的技巧,这样他就有更多机会成功。

第三,让孩子充满热忱的活力

爱默生说过:"有史以来,没有任何一件伟大的事业不是因为热忱而成功。"事实上,热忱是一种炙热的物质,是灼热的心理的火花。一个热忱的人,等于是有神在他的内心里。

提高自我心象就是优化孩子的成功心理素质,成功的心理素质很多,热忱是其中很重要的因素。热忱产生伟大的力量,它使个体全身心充满活力并所向无敌。美国物理学诺贝尔奖获得者爱德华·亚皮尔顿说:"我认为,一个人想在科学研究上有所成就,热忱的态度远比专门知识来得重要。"

热忱可以排除懒惰和恐惧,热忱可以鞭策一个人从浑噩中奋起,热忱可以使你愉快的工作并提高工作效率,热忱可以使你屡败屡战直到胜利。对任何事情都热忱的人,做任何事情都会成功。

第四,培养孩子乐观向上的精神

乐观是积极自我心象的重要组成部分。乐观的情绪,能够提高人的大脑及整个神经系统的活力,使体内各器官的活动协调一致,从而有助于充分发挥整个机体的潜能,有益于健康和工作效率的提高。相反,悲观的情绪可能使人的整个心理活动失去平衡,对人的身心健康都可能造成严重不良的影响。

在拉尔夫·约翰逊·本奇9岁的时候,父母相继去世,他被迫寄住到外婆家。这个老太太通过自己的努力,成为一个自然哲学家,对小本奇的影响非常大。外婆年纪大了,为了补贴家用,小本奇整个童年都在为生活而打工赚钱。尽管如此,但他始终保持着乐观积极和奋发向上的心态。他牢牢地记住外婆的话:"你要认为自己正确,你就要坚持并永远不妥协……"

第五,帮助孩子建立成就感

成就感就是对成功和成就的心理感受。一是让孩子有机会尝试新的活动与经验。家长要让孩子学习知道"如何做事"以及"如何学习技能"。有些尝试是需要家长在旁边监督或制定规矩的，譬如使用动力工具，刀子或其他具有危险性的东西。孩子在尝试新技能与经验时，要鼓励他！要研究孩子身上的才能、天赋与技能，给予鼓励与明确的肯定。

例如，孩子想独自走路去上学，家长可以放手让他去。当然，如果不放心，可以偷偷地跟在后面，看他有什么需要帮助。

二是允许孩子作些决定并让他衡量结果。允许他有自己的决定，这是很重要的，孩子若不能自己作决定，成长就会受压抑，就会抑制孩子建立积极的自我形象。孩子的决定若产生好的结果，他就会有成就感。

反之，若决定带来了不好的结果，他就必须去承担后果，他因此知道了下一次应该怎么做。当然孩子失败时，他需要的不是说理，而是能接纳他的挫折感并关心他的人。家长可以教他怎样才能做好的决定，借此帮助他发展在更重要的事上作决定的能力。

第六，帮助孩子建立归属感

有归属感表示有安全感并认同爱自己之人的感觉。安全感包括被照顾，不忧虑、被保护的感觉。亲子关系是影响孩子归属感最大的力量。

所以，家长朋友要记住下列原则：

要把自己的事情优先级分清楚，每天固定留出一段时间，把这段时间留给孩子，并把全部的注意力放在孩子身上。

孩子需要家长真心的爱，并愿意听到父母对他说："我爱你，宝贝！"因此，把心中对孩子的爱表达出来，最好用身体语言表达你的爱，如拥抱他、亲亲他或轻拍他的背等等。

真正属于一个家庭的人是被爱的，所以他必会受到管教，管教正是有所归属的证明。所以，在培育孩子的过程中，不可一味地放纵、溺爱，还应当有适当的批评和管教。

好素质是这样养成的

4. 心理承受力：健康成长的心灵屏障

挫折带来的是耻辱、沮丧和消沉。但是挫折又是走向顺利和成功时的必要付出，是相辅相成的因果关系。可以说，人类社会中，没有挫折，也就没有成功。经受不住艰难困苦和挫折打击的考验，孩子怎能变得成熟、刚毅、果断、有魄力，怎能走出一条属于自己的金光大道？

获得诺贝尔奖是荣誉的高峰，是事业的高峰。毫不夸张地说，所有的人都想登上这一高峰，但真正能如愿的人却寥寥无几。因为在攀登这座高峰的途中，充满了艰难险阻，只有顽强的心理承受能力才能克服，才能最终到达光辉的顶点。

哈尔·戈宾·霍拉纳小时候家中非常贫困。那时候，印度的教育很落后，村子里没有校舍，老师只好在大树底下给孩子们上课。小霍拉纳上小学时，他是离学校最远的一个学生，但他却不畏艰苦，每天早早起床去上学，总是第一个到校，从不迟到或旷课。

有一次，小霍拉纳迟到了，老师问起原因。原来小霍拉纳在来上学的途中，由于道路太滑，他跌进了路边的深沟，结果他的脚受伤了。可怜的小霍拉纳费了好长时间才爬上来。老师被小霍拉纳的顽强精神感动了，她对全体学生说："同学们，你们看到了吧，霍拉纳不怕吃苦，克服一切困难坚持上学的精神，你们应该好好学习，他是我们学习的好榜样。"

正是凭借这股惊人的耐受挫折的毅力和钢铁般的意志，霍拉纳获得了1968年诺贝尔生理学及医学奖。

如果说摘取诺贝尔奖对我们的孩子来说还是可望不可及的事，那么，与我们的孩子密切相关的生活、学习中，都会有许许多多的困难，如果没有顽强的心理承受能力，就会被困难击败，不会取得好成绩。

近些年来，关于青少年自杀、出走之类的恶性事故不断发生。类似的事例有很多,有些家境优越的"神童",其成长一直很顺利,直至到国外留学深造,结果却由于思乡和人际关系不融洽而导致精神障碍,不得不中途中止学业回国,从而抱憾终身。

导致这些悲剧发生的原因固然复杂,但其中最主要的是,我们的孩子的心理承受能力是多么的脆弱,在成长的道路上,稍微碰上一点障碍或挫折,譬如,学习中一时的力不从心了,生活中的难以满足了,他人的看法和评价有伤自尊等等,就深陷其中。轻者,形成一种有害于健康成长的"挫败情结",引起内心的惴惴不安,以致造成心情郁闷,难得快活;重者,则可能痛不欲生。

之所以这样,是与我们的家长朋友对孩子的过度溺爱分不开的。尽管我们的生活条件没有达到发达国家的水平,但谁也不可否认,我们的孩子的"待遇"比他们差。可以说,现在的孩子都生在福窝里,长在蜜罐里,从没有经历过"风雨"。这样一来,我们的孩子犹如温室中的花朵,虽异常可爱,却经受不得"风雨",一旦离开父母的呵护,就措手无策,再遭受点打击,感觉就如同到了世界末日,再也活不下去了。

可是,现代社会竞争的程度越来越强,压力也越来越大,一个人必须有顽强的心理承受能力才能适应现代社会的激烈竞争。孟子云:"天将降大任于斯人也,必先苦其心志,劳其筋骨,饿其体肤,空乏其身,行拂乱其所为。"

因此,家长必须有意识地给孩子进行强心抗挫折的教育和训练,提高孩子挑战艰难、抗击挫折的能力,让孩子不再脆弱,不再因为一点小小的挫折或未满足便自暴自弃,而是坚强、勇敢、有魄力。

可惜的是,很多家长却不能达到这样的深度。尽管这些家长在人生旅途中都经历过这样和那样的挫折与失败,但他们没有做过深层次的人生思考,尚未理解人生境遇的哲学含义,肤浅地认为挫折只

好素质是这样养成的

是人生的一种"不幸",于是就希望孩子尽量少受苦难和挫折,生活得好一些。

这种愿望,当然可以理解,但是还应该认识到,未来社会的竞争日趋激烈,挫折在所难免,如果孩子从小少受挫折,长大了也就难以承受社会生活中的挫折,这对于孩子的健康成长是很不利的。

现实生活中的每一个人,要想成功,唯一的有效方法就是提高自己抵抗挫折的能力。因为,一个人在实现某个重大目标过程中会不可避免地、意外地遭遇到来自人为的或自然的阻挡、打击、破坏性因素干扰,使原定目标暂时或永久无法实现的一种情景和外部表现形式。

而且,挫折与健康的成功是辩证的关系,是相辅相成的。正如没有黑夜就没有白天一样。无论是在自然科学领域,还是在社会生活领域,没有艰难与挫折,就没有成功。

正因为如此,在挫折日益普遍的今天,培养孩子的耐挫能力显得具有十分重要的意义。

5. 培养孩子的独立性

帮助孩子学会生存,应该让孩子从独立起步。让孩子爬起来还是把孩子抱起来,父母应三思而后行。

独立性是现代化人格素质的重要方面,其内涵是:在生活上能自理,在学习工作中能独立完成各项任务,碰到问题和困难能独立自主地作出决策并付诸实施,不轻易接受他人的暗示、意见而改变主意。很多父母反映孩子的生活自理能力差,过分依赖父母,不少孩子上高中了还没有洗过衣服。缺乏独立性对孩子的成长是极为不利的,父母应从小注意培养孩子的独立性。

缪茵,是一位旅美的少年钢琴家。1985年底出生于中国湖南省长沙市。4岁开始学习钢琴,6岁随母亲到美国。从6岁起,连续7年7次获得各类国际钢琴比赛冠军。1992年，6岁时，获美国阿拉巴马州音乐协会钢琴比赛少儿组冠军，并获美国音乐协会颁发的优胜金质奖牌；同年，获美国芝加哥"第八届国际钢琴比赛"少年组冠军。1995年，9岁时，获美国"第15届巴托克国际钢琴比赛"少年组冠军，并获唯一的杰出表演奖；1996年，10岁时，获美国曼哈顿音乐学院大学预科钢琴协奏曲比赛第一名；1997年，11岁时，获意大利"第一届国际音乐节及竞赛"18岁以下钢琴比赛第一名；1998年，12岁时，获美国"第18届巴托克国际钢琴比赛"青年组冠军；1999年，13岁时，获"美国1999年世界钢琴比赛"钢琴协奏曲第一名，钢琴独奏曲第二名。

在缪茵上三年级之前，早上都是妈妈周传鸿给她穿衣、梳头、喂饭，到了三年级时，就要求她自己一个人做，什么也不管。上学也是一个人去。小缪茵一开始极不适应，在上学的路上一边哭一边走，有时出门还忘了穿鞋，而周传鸿却不为所动，决意培养缪茵独立的品格。

在她们母女俩回国探亲的时候，周传鸿的姐姐看到小外甥女儿这样懂事，直说妹妹命好，有个乖女儿，因为她自己的孩子常常顶撞父母，而且非常凶。周传鸿却不以为然，说："并不是孩子天生会这样，而是教育上没注意。"她说，自己给缪茵洗头发，女儿总要说"谢谢"；让她端水，女儿会说"请"。因为她明白妈妈为她提供的服务从来不是应该的，理所当然的，而是妈妈的责任。

培养孩子的独立性，我们给父母们的建议是：

● **父母要明确自己的职责**。要让孩子接受自己作为一个人的价值，让孩子感受到父母对他的看法：爱和尊重。父母在繁忙的工作、家务中，应挤出时间陪他听故事、打球、做游戏、放风筝等；在处理家政，尤其是有关他（她）的事情时，父母应与孩子讨论，征求孩子的意见，或直接由孩子决定。

● **鼓励孩子爱劳动**。让他们从事力所能及的家务劳动，孩子自己的事情要自己做，父母不要包办代替。自幼培养孩子自己洗手绢，自己穿衣系带，自己整理衣物，用过的东西要放回原处并码放整齐。孩子大点了，可以让他帮助父母扫地、洗碗、擦桌子等，活儿不一定多，但要天天坚持。这样可以培养孩子的责任感、服务意识和动手的好习惯。自然，孩子的自理能力也会得到提高。父母应根据孩子的年龄，有条不紊地交付孩子一些力所能及的事情，鼓励他们不断负起适当的责任来。当孩子很小的时候，就让他（她）单独睡觉、自己吃饭，要求他自己的

好素质是这样养成的

玩具自己收拾、整理。孩子上学后，则跟他（她）指出：你从幼儿园到学校，长大了，是学生了，应该更懂事，要承担更多的责任。父母不仅要他自己的事情努力自己做好，而且还要为家里做一些力所能及的事情，如扫地、叠衣服、摘菜、取牛奶、送奶瓶、倒垃圾、盛饭等。只有从一点一滴的小事做起，才能养成独立的行为习惯，才能在长大之后，独立自主地生活、工作，成为合格的社会成员。

● **父母要支持孩子正当的活动。** 有关孩子和家庭的一些事情，要和孩子共同商定，而不是一切等着父母安排。让孩子逐渐养成自己的事自己做的习惯。孩子都渴望能像父母那样，处理自己的事务，管理好自己。因此，采取民主的家庭气氛有利于孩子独立性的培养。如，当孩子按自己的方式布置自己的房间，和同学一起踢球，参加科技小组等时，其主动性和独立性也能加强，如果父母过分担心和怀疑孩子的能力，禁止或限制孩子的这些活动，就会打击孩子独立活动的积极性。

6. 培养孩子受挫后的恢复力

让孩子学会以满意的心情对待自己，这是一种极好的情绪，也是驱散"挫折情结"的前提。它可以使孩子学习、生活有信心，有乐趣，进一步提高追求层次的勇气；同时，化解学习、生活中的挫折与矛盾，使之成为提高孩子学习、处世能力的一种动力。

孩子之所以被各种各样的"挫折情结"困扰，一方面是孩子不能善待自己；另一方面，孩子未能客观地对待学习和生活。毫无疑问，"挫折情结"是一种令人烦恼的个性弊病；而且，这是孩子自寻烦恼。因此，家长要引导孩子从这种自我束缚的"网"中解脱出来，使孩子从心灵深处把自我挫败的情绪和行为方式剔除出来。

在这个问题上，威廉·维恩（1911年诺贝尔物理学奖获得者）的母亲是我们很好的参考榜样。

有一次，小维恩和小伙伴们在河边一道废弃的小堤坝前玩游戏。此间，需要翻越堤坝。维恩却有些犹豫，心想：这堤坝比我还高一点儿，我能不能翻过去呢？

小伙伴们一个一个都翻过去了。轮到维恩了。"我能行吗？"维恩心里七上八下，还是有点儿害怕。但在小伙伴们的催促下，他也只好开始助跑了。

眼看着目标近了，小维恩的心里越发没了底："哎呀，要是摔下来怎么办？"正想着，已经冲到了堤坝前面，小维恩不得不停了下来。

"胆小鬼！胆小鬼！"有几个小伙伴大笑着嘲笑他。

"别这样，"其中的一个小伙伴制止了大家，走到维恩身边，"维恩，别害怕，没关系，你能跳过去。"

"不，我，我想我是不行的。"维恩难过地低下了头。

"为什么不再试一次呢？"那个小伙伴鼓励着小维恩。

"不行，我还是回家吧。"他一边说着，一边往家跑着，背后又传来小伙伴们的嘲笑声。

吃晚饭时，细心的母亲发现平时爱说爱笑的小维恩今天一直闷闷不乐。母亲关心地问他，才知道了今天发生的事情。

"维恩，你为什么不再来一次呢？"母亲鼓励他。

"可是，我怕翻不过去摔下来。"

"你并没有摔下来，因为你连试也没试一次，这比摔下来更糟糕。"

"为什么呢？"

"因为你没有尽力去做！要知道，做一件事，只要全心去做，努力去做，才能获得成功。如果因为对自己没信心就放弃，那什么事情也干不成。"母亲耐心地开导儿子。

"这么说，我真应该再来一次，不能怕失败。"维恩看着母亲说道。

"是呀，我的孩子。"母亲高兴地笑了，"别怕失败，重要的是，再来一次！"

"再来一次，对，再来一次。"

第二天，维恩来到河边，又开始翻越堤坝。他用力助跑，目标越来越近了，他使劲一跃，用力攀上去，可惜，还是滑了下来。

"不行，"小维恩摸摸头发，"再来一次！"

于是，河边的草地上，一个小男孩一次次练习着，摔倒了，再爬起来，一次不行，再来一次……不知失败了多少回，他终于成功地翻越了堤坝。

在以后的科学道路上，维恩也不知摔倒了多少次，但凭着这种"再来一次"的顽强精神，他一次次又重新爬起来，毫不畏惧，奋力拼搏，终于赢得了一次又一次的胜利，攀上了科学的高峰。

由此可见，一旦孩子消除自我挫败的心理之后，就能恢复勃勃的生机，充分发挥自己的能动性。如此一来，孩子还有什么可惧怕的呢？

7. 对孩子进行勇敢教育

勇敢，是战胜困难的信心，是战胜自我的勇气。只有勇敢的人，才有为了正当的利益不怕困难、不畏强暴、不达目的决不罢休的精神。勇敢教育指教育孩子有勇气、有胆量去克服外界的艰难险阻和战胜自己内心的恐惧情绪。海明威被誉为"文坛硬汉"，从小一直保持着奋勇拼搏的精神，他在小说中也鼓励人们不怕困难，勇敢进取，并因此获得1954年诺贝尔文学奖。

海明威自从学会拳击后，就喜欢上了这种激烈的体育运动，经常参加学校组织的拳击比赛。有一次，他和一个高年级的学生进行比赛。他的对手个子高大，身强力壮，海明威跟他相比显得又矮又弱。同学们都劝他放弃这场比赛，海明威却说："越是遇到比你强的对手，越要敢于挑战。"

比赛开始不久，对手瞄准机会，一拳打在海明威的眼睛上。鲜血立刻从海明威的眼睛里流了出来，他挥手抹了一把，忍受着巨大的痛苦，从没呻吟一声。现场的医生将他拉下场，为他包扎伤口，劝他放弃这场比赛，因为再打下去，眼睛就有失明的危险。海明威却想："一个坚强的男子汉不应该因为一点痛苦就退却，我一定要坚持到最后。"

海明威重新上场，采取有效的方法，并积蓄力量。最后，对手终因消耗力气太大，动作迟钝起来。海明威趁机发起疾风暴雨般的猛攻，把对手打倒了。海明威取得了胜利，可惜的是，他那只受伤的眼睛却永远的残废了。

然而，现在孩子的勇敢精神却让我们大吃一惊。2003年5月，全国少工委、中国少年报和中国青少年研究中心联合调查组对全国中小学生进行了大规模的问卷调查，在"你的缺点"一项调查中，小学生中有38.2%的人选择了"胆小"，在26项缺点中占第一位；中学生有27.5%的人选择了"胆小"，在26项缺点中占第三位。而在"你的优点"的调查中，"勇敢"排在26项优点的倒数第五位（中学生）和倒数第三位（小学生）。恐惧、懦弱、胆小，成了当代孩子突出的道德缺陷之一。

其实，冰冻三尺，非一日之寒。孩子缺乏勇敢精神，是有多方面原因的，主要是受环境与教育的影响。孩子由于年龄小，阅历少，容易对自己的能力缺乏认识和信心，碰到麻烦时表现出恐惧的心理。孩子的胆怯与后天的环境有很大的关系。实际上，孩子先天恐惧的东西极少，孩子的恐惧多半是后天习得的。

概括来说，造成孩子胆怯有三大原因：

一是家庭过度保护。家长基于保护孩子的心理，不准孩子单独外出，不让孩子多接触同龄伙伴，一旦孩子做出任何"冒险"行为，马上受到家长的谴责，使孩子失去了锻炼的机会，缺乏基本的适应能力，即使是微小的刺激都无法承受；因为很多常识需要亲身经历、亲眼所见才能积累。随着年龄的增长，逃避风险便成为一种习惯。

二是家庭缺乏保护，使孩子在毫无准备的情况下，受到的难以承受的刺激和惊吓太多。

三是孩子对过去的痛苦经验或情景相似的事物产生的恐惧造成的。如孩子学绘画，但画得不好，遭到家长的严厉训斥，以至后来一见到画笔就紧张。还有的孩子考试成绩很差，被父母痛打了一顿，他们很可能以后就特别害怕再考那门学科，甚至有的恐惧一切考试。因为在孩子心目中：考试就是痛苦的开始，就是大难临头。存在着这种心理，孩子肯定考不好，以至后来造成了条件反射，形成了胆小怕事的个性。

四是家长的观念在作怪。有一些家长认为，孩子只要成绩好，能考上好的大学，将来就能获得一份好工作，是否有勇敢精神根本没考虑的必要。从表面上看来，勇敢精神和学习没有丝毫联系，甚至可以说是一件好事。因为大多数家长普遍认为，勇敢的孩子就比较调皮。

教育界人士普遍对孩子缺乏勇敢精神充满忧虑。现在很多孩子胆子很小，不敢挑战自己，哪怕是力所能及的事情也远远避开。孩子过分的胆怯与恐惧，往往会影响其健康个性的形成，长大后表现为退缩、压抑、过于敏感和谨慎、胆小怕事、不求进取等不良心态与行为，铸成悲剧命运。

现代社会危机四伏，竞争激烈，充满诱惑，容易使人沉醉于安逸与享乐。而要把握住机会，迎接挑战，创造自己的事业，必须摒弃胆小、懦弱等不良心理。因此，家长应该鼓励孩子要有一定的勇敢精神，有克服困难的勇气。培养孩子顽强勇敢的意志是家庭教育的重要任务。

一是家长要以坚强勇敢和镇定的行为影响孩子。孩子的坚忍勇敢品质早在婴儿阶段就已开始形成。孩子特别爱模仿自己父母的言行，因而，父母的榜样作用对孩子影响极大，家长要为孩子提供模仿的榜样，以自己的无所畏惧的形象和勇敢行为去影响孩子。如果父母是坚忍勇敢的人，他们在日常生活中的言行举止便会在无形中影响孩子，使孩子形成坚忍勇敢的品质。

因此，家长在生活中可能发生的大大小小的变故面前应处变不惊、沉着坚定，并且积极想办法克服困难。

二是端正教育态度。娇惯和溺爱犹如一颗包着蜂蜜的"毒丸"，开始很美味，后来就开始腐蚀孩子的健康心灵。表现在生活上，孩子十分脆弱、畏缩不前，难以应付突发事件和所遇到的各种困难；表现在学习上，则是怕苦怕累、遇到难题没有勇气解决，不思进取，成为学习的落伍者。家长要从思想上认识到，对孩子的溺爱、娇宠只会造成孩子怯懦、任性的性格。

三是树立榜样。有意让胆小的孩子从影视或书刊中看同龄人的胆大行为，并立刻鼓励他们也试一试。做一件平时很恐惧的事情，如夜晚走一段夜路（大人可

第五章 优化孩子的心理

隐蔽跟在身后），当孩子完成之后会勇气大增。因此，家长可以运用现实中的事例或文艺作品中富有勇敢精神的形象来影响和教育孩子，帮助其克服恐惧心理。

四是给孩子适当的挑战挫折、困难的机会。勇气就像肌肉，需要经常锻炼。勇敢教育不能光凭口头说教，需要贯穿在日常生活中，使孩子在活生生的生活事件中得到锻炼和考验。只有这种潜移默化的教育才能影响孩子的一生。因此，我们的家长要对孩子放手。家长总希望孩子生活在自己的庇护下，认为只有这样孩子才能健康长大，才能在一个合理而安全的环境里成长为有用的人。这种观点是不对的。如果家长能够大胆放手，多让孩子去体验、去锻炼、去实践，孩子的能力就能够得到提升，并养成爱尝试、探索的习惯。反之，孩子会变得胆怯、内向，并对新事物有一种恐惧的心理。

五是对孩子要以鼓励为主。日常生活中，家长要注意运用正常的教育方法，经常鼓励、支持孩子参加各种有益的活动，不能随便指责、嘲笑、挖苦和恐吓孩子，以免形成幼儿遇事胆怯畏缩的心理。

在人的一生中，不可能一帆风顺，困难、失败、危险在所难免。这些自然是家长们不愿意看到的。如果家长因为孩子没有成功而去责备他们，鄙视他们，孩子渐渐就不敢去探索了。也许孩子的有些行为看起来有些单纯、简单，甚至有些"愚蠢"，这些都没关系，只要家长经常给孩子鼓励，多赞扬孩子的行为，就能使孩子得到鼓舞，就能培育勇敢精神。

六是理解真正的勇敢。在日常生活、学习中，家长应鼓励孩子勇于探索和创新、主动承担重任。要帮助孩子认清真正的勇敢不是鲁莽，鲁莽只是一种不问情由、不顾后果、不辨是非的盲目行动。应引导他们选择真正

好素质是这样养成的

勇敢的行为模式，并运用正面鼓励与强化的方法，进行有针对性的培养。家长要教育孩子敢于在陌生人和众人面前说话、表演；有自信心，敢于参加力所能及的体育活动和其他游戏活动；能克服这种困难，有责任心，坚持完成任务。美国家庭重视教育孩子认识自然环境和社会环境，并培养孩子在各种环境中保护自己的能力，使孩子心理上没有什么恐惧感，因而其行为表现为勇敢无畏。

七是向孩子介绍他所恐惧的事物，使之熟悉此事物的特征。家长应该坦率地承认自己曾害怕过某些东西，但现在已经不再害怕它们了。这样，孩子就会明白，他并不是世界唯一害怕这些事物的人，从您的身上他可以知道，这些事物并不是那么可怕，是可以被征服的，恐惧的心里便会得到克服。

这样一来，可以让孩子逐步接触其恐惧的事物。适应一段时间之后，加大孩子与恐惧事物的接触频率，孩子的恐惧感便渐渐消失了。千万注意不可贸然接触，而应坚持循序渐进的原则。

八是训练孩子的自我保护技能。家长可以给孩子介绍一些自我保护的方法，并辅助孩子进行"实战演习"。当孩子感觉自己有自我保护能力时，胆怯自然会消失，自然会从容面对一切。

第五，培养孩子顽强的意志。研究表明，环境状态与人的奋争状态是有着微妙的内在联系的，有时是可以随着人的奋争状态的优劣而发生改变的。也就是说，原本貌似无望的环境，也可能由于人们的锲而不舍、坚忍的坚强态度，转化为有利的环境因素的。

诺贝尔获奖者都是面对困难、挫折、失败不泄气，以顽强的毅力克服了种种不利因素，最终走上了成功之路。罗伯特·巴雷尼（1914年诺贝尔生理学及医学奖获得者）便是这样一个人。

巴雷尼是家里的长子，在母亲的教育下，他从小就努力学习，奋发向上，为弟妹们带了一个好头。父母对他的表现感到很是欣慰。但不幸的事情发生了，巴雷尼患了骨结核病。治愈这种病要花大量的时间和金钱，对于经济拮据的巴雷尼一家来说，真是雪上加霜！父母想尽千方百计，总算治好了巴雷尼的病，但后遗症却使他的膝关节永久地僵硬了。

对一个天真活泼的孩子来说，这是多么残酷的打击！巴雷尼为此曾多次痛哭过。母亲不断地开导他、抚慰他，给他讲历史上那些身体伤残却仍顽强奋斗并取得卓越成就的人物故事，鼓励他要身残志不残，给他讲加强体育锻炼，对前途持乐观态度。

母亲的开导，母爱的鼓励，终于使巴雷尼经受住了人生道路上的第一次严酷打击。他不仅没有因残丧志，反而唤发出献身医学和加强体育锻炼的热情。体育锻炼的坚持不但补偿了他由残废带来的不便，而且促使他的学业一直在班上名列前茅。学校老师同情他，关心他；同学们不仅不歧视他，而且还热心帮助他，这些都使巴雷尼对人生和前途更加充满了信心。疾病没有成为他人生道路上的阻碍，却成了他奋发向上的动力，从小学到大学毕业，他一直保持着优异的学习成绩，还跳过好几次级。

从巴雷尼的例子可知，一个人一旦有了顽强的意志，往往在困难和挫折面前能激发出无穷的力量和智慧，能把自身的潜能充分调动出来，而且以乐观的态度，必胜的信念鼓舞人心，增强斗志。因此，家长一定要从小培养孩子顽强的意志。

第六，培养孩子果断的性格。果断的性格，能使孩子在遇到困难的时候，克服不必要的犹豫和顾虑，勇往直前；能够帮助孩子在执行计划的过程中，克服和排除同计划相对立的思想和动机，保证善始善终地将计划执行到底；可以使孩子在形势突然变化的情况下，能够很快分析清形势，当机立断。

历史上有影响的人物都是能果断决策的人。一个人如果总是优柔寡断，在两种观点中游离不定，或者不知道该选择两件事物中的哪一件；这样的人将不能很好地把握自己的命运，他生来就属于别人，他不是一个真正的人，只是一颗围着别人转的卫星。果断敏锐的人决不会坐等得到好的条件，他不会屈服于任何事，任何事必须屈服于他。

从诺贝尔获奖者的成功经验可知，获得成功的最有力的方式是迅速作出决定该怎么做一件事，排除一切干扰因素，而且一旦做出牺牲，就不要再继续犹豫不决，使我们的决定受到影响。

一个人在成长中，难免会遇到困难，如果在每次遇到困难时都动摇的话，他将不会取得很大的成功。没有决心就没有专心攻击。一个人要获得成功必须得专心致志地奋斗。优柔寡断的人不能很好地集中精力。

因此，家长要从小培养孩子做事干脆利落、斩钉截铁的行为习惯。这就需要家长要放开手，让孩子自己选择；而且要让孩子认识到，果断并不排斥深思熟虑和虚心听取别人的意见。但是，在此过程中，要避免孩子养成轻率、冲动和冒失的坏习惯。这几点都是培养孩子果断的性格有待注意的问题。

知识链接

海明威

欧内斯特·米勒尔·海明威（1899—1961），美国著名作家和记者。出生于美国伊利诺伊州芝加哥市郊区的奥克帕克，晚年在爱达荷州凯彻姆的家中自杀身亡。海明威一生中的感情错综复杂，先后结过四次婚，是美国"迷惘的一代"作家中的代表人物，他常常在作品中对人生、世界、社会都表现出了迷茫和彷徨。

海明威一生中曾荣获不少奖项。第一次世界大战期间被授予银制勇敢章；1953年，他以《老人与海》一书获得普利策奖；1954年，《老人与海》获得诺贝尔文学奖。2001年，海明威的《太阳照样升起》与《永别了，武器》两部作品被美国现代图书馆列入"20世纪中的100部最佳英文小说"中。

海明威一向以文坛硬汉著称，他是美利坚民族的精神丰碑。海明威的作品标志着他独特的创作风格，在美国文学史乃至世界文学史上都占有重要地位，被认为是20世纪最著名的小说家之一。

第六章
培养孩子的素养

1. 人力胜天力，只在每事问

我国著名的教育家陶行知在一首诗中写道："发明千千万，起点是一问"，"人力胜天力，只在每事问"。好问是孩子求知的开始，而孩子的好奇心常常以稀奇古怪的问题出现。

诺贝尔奖获得者、美籍华裔物理学家李政道教授在访问中国科技大学少年班时，就如何培养科技人才，曾专门谈到培养少年儿童的好问精神："好奇心很重要，要搞科学离不开好奇。道理很简单，只有好奇才能提出问题，解决问题。可怕的是提不出问题，迈不出第一步。"

李政道博士认为，孩子在受教育之初如果没有养成"好问""质疑"的好习惯，将来就决不可能取得大的成功。他还讲到，爱因斯坦就是问了几个问题，问了几个前人没有问过的问题，并且自己作了回答，从而在科学上作出了重要的贡献。

法国大数学家巴斯德，在刚会说话时便喜欢向大人问各种各样的问题，并且所提出来的问题常使父母和亲友们惊讶不已。

我国古代历史学家司马光小时候也很喜欢提问题，有一次他问父亲："你怎么知道汉朝有个司马迁？"父亲给他讲了很多历史知识。从此以后，他对历史发生了兴趣，后来自己也成了一位历史学家。

巴尔扎克曾说："科学之门的钥匙都毫无异议地是问号，我们所有的伟大发现都应该归功于'如何'，而生活的智慧大都源自逢事都问个为什么。"

从心理学的观点来看，孩子爱提问题，正是好奇心和求知欲的一种表现。小时候向父母问，长大了向老师问，向书本问，向实践问，而知识就是靠一次又一次的发问积累起来的。问得越多的人，知识就越丰富，而知识丰富是孩子成材的重要基础，甚至包括有一定智力缺陷的孩子在内。

由此可见，孩子爱提问题是一件大好事。因此，做父母的应当珍视孩子的这

第六章
培养孩子的素养

点灵性，并进行有效的启发和诱导，决不能漠然视之，更不应当泼冷水。

孩子的好奇心能引发他们对学习的兴趣。假若好奇心被压制，孩子吸收知识的潜质便会大大被削弱。孩子成才需要好奇心，但是有了好奇心并不意味着就一定能够成才。要想孩子有成就，还需要家长正确引导孩子健康的好奇心。你渴望孩子的智慧之花早日绽开吗？你渴望孩子的创造灵感早日到来吗？如果回答是肯定的话，那么，保护好你孩子的好奇心——耐心地倾听孩子的提问；形象生动地指点、引导，而不是枯燥地说教；用赏识的语言和行为启发、诱导孩子。

小孩子对世界上的一切事物都非常好奇，总是瞪大眼睛怀着一种要发现世界奥秘的愿望，去观察、去想象、去发问。大多数孩子从三四岁开始便喜欢向大人提"为什么"。有的孩子还喜欢打破砂锅问到底，不时提出各种各样稀奇古怪的问题，常常把大人问得难以回答。

首先，保护孩子的好奇心。换句话说，不以成年人的眼光看待孩子的"奇特言行"，给予充分的理解。好问、好动是孩子的天性，他们对周围的事物和现象有着浓厚的兴趣。孩子一旦有了兴趣做基础，就会琢磨、研究，这样一来，发现问题，学到知识，甚至有所创造。

詹姆斯·杜威·沃森，1962年诺贝尔生理学及医学奖获得者。从小就非常聪明，总爱思考这样那样的问题尤其对生物遗传问题感兴趣。有一次吃晚饭的时候，小沃森还没有回家父母只好出去找他。找来找去，只见他正一动不动地半蹲在一个鸡蛋上。父母看得纳闷，小沃森却自豪地说："噢，等我一会儿，小鸡快要出来了。"

好素质 是这样养成的

父母忍俊不禁地大笑起来，小沃森委屈地大叫道："有什么可笑的，母鸡不就是这样孵小鸡的吗？"

父母笑得更厉害了。但他们从此也更加喜爱细心观察、爱思考问题的小沃森了。

其次，认真对待孩子的问题。这样，不仅帮助孩子解决了问题，而且提高了孩子的求知欲，使孩子感受了求知的快乐，促进了孩子解决问题的能力。

一是耐心地倾听孩子的提问。无论孩子提出什么问题，你都不可制止他，也不可使他受到讥笑；你应答复他的一切问题，解释他所想要明白的事物，按照他的年龄与知识的能力，使他尽量懂得。

对待孩子的提问，有的家长却不以为然，往往采取随意应付的态度；也有的家长嫌孩子啰唆，常常用斥责和拒绝回答的态度来对待孩子的提问。其实，这些做法对孩子的发展都是极为不利的。

而且，你的解释或观念不可超过他所能理解的，目前用不着的形形色色的事物不可提得太多，免得反而把他弄糊涂，要注意他发问的目的是什么，不要注意他发问所用的言词；一旦告诉了他，使他得到满足之后，你就可以知道，他的思维本身就可以扩大，适当的答复就可以引导他前进，超出你所想象的限度。

因为知识之为理解所喜悦，正与光线之为眼睛所喜悦是一样的；孩子极其喜欢知识，尤其是当他们知道自己的问题得到了别人的注意，他们的求知的欲望受到了人家的鼓励与赞扬的时候更是如此。

科内尔·海门斯于1892年3月18日出生在比利时的根特城。小海门斯的家离北海不远，每到暑假他总是和父母一块儿去那儿划船、游泳。

有一次，他们正在海上玩着，小海门斯突发奇想，向他爸爸问道："爸爸，人为什么不能像鱼一样生活在海里呢？要是能那样该多有意思呀！"

老海门斯被问乐了，他正是一位在血液循环和呼吸系统的研究上成绩卓著的学者。儿子这下可问了个正着，老海门斯于是高兴地讲述起来："因为人潜在水里，呼吸不到氧气，人不可能在水里待得太久。但是在潜水之前越是多做深呼吸，在水下待的时间就越长久。因为做深呼吸后，血液中的二氧化碳减少。这里面的学问多得很，而且里面还有很多未知数。"

小海门斯似懂非懂地点了点头。还有很多未知数呢！于是小海门斯暗下决心，

第六章
培养孩子的素养

要做一个像他爸爸一样的科学家，解开大自然中许许多多的谜。

海门斯小时候对人为什么不能像鱼一样在水里生活感到好奇，幸好他的父亲是这方面非常有造诣的专家，他不仅很好地回答了小海门斯提出的这一问题，还借此对小海门斯循循善诱，使小海门斯对科学产生了浓厚的兴趣，后来他获得了1938年诺贝尔生理学及医学奖。

因此，要欢迎孩子提问题。当孩子向家长提出为什么时，家长不能流露出不耐烦或不以为然的神情，而要表现出很高兴的样子。孩子的问题提得好，家长应该及时表扬，并鼓励他以后大胆提问。如果家长暂时没有空，应该耐心地给孩子解释，或者等事情做完后再回答孩子的问题。这样，孩子提问题的积极性就会越来越高。

二是除了认真地答复他们的问题和告诉他们所想了解的事情以外，还要采用一些特殊的、称誉的方法。比如可以当着他们的面，告诉他们所敬重的人，说他们懂得某件某件事情了，在有益于他们的事情上面使他们的虚荣心得到鼓励。

对待孩子的提问，态度要认真，力求作出正确的回答。因为当孩子向大人提问题时，孩子的思维活动处于最佳状态，这时候大脑的"吸收"能力特别强。如果给予错误的回答，这种错误的结论就会深深地印在孩子的脑海里，以后纠正起来特别费劲。

因此，对于孩子提出的问题，家长千万不能粗暴地说"这个你不懂！""那是你问的吗？""长大后再学嘛！""去，去，去！乱问什么呀！"等否定的话来阻止孩子好奇心的发展。

孩子的好奇心有时会冲破父母的知识范围，这是很正常的。父母对孩子的发问一时答不上来，可以通过翻书或向人请教，有了正确的答案，事后再告诉孩子，千万不能采取随意蒙骗的方法，以免以讹传讹。千万不能不耐烦地说："就你能！""就你话多！""怎么连这也不懂啊！"

对于此类情况，要通过柔和的方式表扬他的提问，保持他的好奇心，如可以说："这个问题你问得真好，但是对不起，妈妈也不能回答，等你长大了，读很多很多的书，你就会回答自己的问题了。"或者说："你和我一块儿查找资料解决这个问题。"

有时候，孩子提的问题很深，即便告诉他，也不一定能理解。碰到这种情况，

好素质是这样养成的

可以对孩子说:"你现在还不懂,等将来长大了,读了书,掌握了科学知识,就会慢慢懂的。"或者也可以告诉孩子,世界上还有许多事物人们还不知道,等待着他们将来去探索,去研究。这样做,不仅实事求是地回答了孩子的问题,而且还会在孩子的心中播下爱科学、爱探索的种子。

三是对孩子的问题不可忽视,也应格外注意,不可使他们得到虚妄的答复。他们如果受了轻视,或者受了欺骗,他们是容易看出来的;他们很快就会照着别人的样子,学会疏忽、伪善和虚伪等等伎俩。我们在一切学习之中,全都不可侵犯真理,尤其是教育孩子学习的时候最不可侵犯;因为如果我们跟他们弄假,我们就不独欺骗了他们,阻碍了他们的认识,而且也毁坏了他们的天真,教他们以最坏的恶习……对待孩子的提问,还要善于引导,要注意启发孩子的思维。孩子由于年幼无知,有时提的问题未免荒唐可笑或者过于简单,家长切不可采取讥笑、斥责的态度。如果孩子提的问题自己稍动脑筋就能回答的,家长先不要急于回答,而应该启发孩子自己去想一想。否则,孩子就会养成什么问题都依赖大人解答,自己却不动脑筋的习惯。

当卡尔·威特三四岁的时候,他的父亲每天都要把他带到郊外去,让他接触大自然去观察大自然的千变万化。有时,父亲摘一朵花,把花剖开向威特讲解,有时捉一些昆虫,然后教给他昆虫方面的知识,当然,父亲讲解的都极为浅显易懂,如遇到他自己也不懂的问题,父亲便老老实实地告诉儿子:这个问题我不懂,让我们一起去找答案吧。

有时候我们不妨故意让他们看到新奇的事物,使他们发现问题,自己去求得

第六章
培养孩子的素养

了解，以吸引他们的好奇心。万一他们的好奇心使他们问出的问题不是他们所应该知道的，你就最好坦白地告诉他们，说这件事情不是他们可以知道的，不必用假话或冷淡的答复去把他们支吾开。

最后，善用沟通技巧。孩子的好奇心与学习动机会在你愿意注意地看他、面带微笑、专心倾听以及同情心的语言沟通过程中被引发。

诺贝尔奖金获得者利奥彼德·鲁齐卡的父母没有什么文化，可是幼儿的鲁齐卡富有强烈的好奇心，他常瞪着大眼睛问父母："天为什么是蓝的？""水从哪里来？"……许许多多的"为什么"使他的父母解答不了，但他的父母并不为此感到难堪，也不因此阻止儿子发问，而是怀着喜悦的心情鼓励儿子："好好学习吧！相信你将来会弄懂的！"正是这样的鼓励，使鲁齐卡不断奋进，最终登上了科学的巅峰。

如果孩子问了超出他的年龄应知道的事，怎么办呢？家长也不要责备他。因为孩子并不知道什么该问，什么不该问。有个家长的做法很好，每逢孩子问了无法给孩子说清的问题，她就告诉孩子：我把这个问题记下来了，到了你15岁的时候，我就会回答你的问题。对这个问题，也许以后用不着父母回答，他自己慢慢也明白了，但是这种做法，让孩子感到他的提问是受到了尊重和鼓励。

当然，对启发、引导孩子的好奇心也不能操之过急，要求过高，更不要认为孩子有了好奇心就一定会有发明创造，将来一定能当科学家了。因为好奇心毕竟只是一方面的萌芽，距发明创造还有一个曲折复杂的过程。急功近利是中国家长在教育上一个很突出的"瑕疵"。

保护孩子的好奇心不是一句空话，当父母的要理解孩子。如果孩子看到新鲜好奇的东西，做父母的表现出漠然的样子，践踏质疑的萌芽，就会冷了孩子的心。即使孩子因好奇而惹了麻烦或做错了事，家长也要正确引导，不可动手打孩子。

做父母的不仅要珍惜孩子的好奇心和求知欲，正确地回答孩子的问题，而且，还应该主动地有意识地激发和鼓励孩子提问题，让孩子从小养成爱提问题、善提问题的良好习惯。这对培养孩子成才具有十分重要的战略意义。

知识链接

巴尔扎克曾说："科学之门的钥匙都毫无异议地是问号，我们所有的伟大发现都应该归功于'如何'，而生活的智慧大都源自逢事都问个为什么。"

2. 启迪孩子好奇心的发展

孩子的好奇心，是一种追求知识的欲望，所以应该加以鼓励，特别珍视孩子的好奇心，并设法进一步激发这种好奇心，使孩子的想象力始终处于活跃状态。这样，不仅因为它是一种好的学习素养，而且因为它是自然给他们预备的一个好工具，用以除去生来的无知，他们如果不是好问，无知就会使他们变成一种愚蠢无用的动物。当然，孩子爱提问题的习惯不只是自然形成的，关键还在于父母的态度和教育方法。

父母的任务在于帮助孩子学习，无论这种学习是认知、情意或技能方面，

第六章 培养孩子的素养

父母必须先唤起孩子对学习领域的求知欲和好奇心，才能产生持久的学习活动。父母愈了解孩子的经验、能力、发展和兴趣，便愈能将其所学的知识和所需要的动机贯穿起来。如何引发孩子的好奇心与学习动机呢？下面是父母应注意的几个要点：

首先，对孩子不要摆出像法官般一脸的严肃，也毋须扮演命令、威胁、说教或斥责的角色，因为这些角色往往会使孩子产生恐惧而畏缩。给孩子温暖和安全感，然后发现问题并协助他解决问题。

陶行知先生在教育子女方面为我们做出了榜样。例如，有一天，陶行知的一位朋友的太太找到陶行知，告诉他一件很痛惜的事，她说，她的孩子很调皮，在玩耍中，把她的两只金表给拆坏了。

陶行知听后问："您怎么处理这件事呢？"

"我把孩子一顿痛打，他讨饶了。"她得意地说。

陶行知听了，一拍桌案，大声叹道："恐怕您枪毙了一位中国的爱迪生。"

朋友的太太被这惊人之语吓呆了，怔怔地不知说什么好。过了一会儿，等朋友的太太平静下来以后，陶行知建议她说："不过，还有一个补救的办法。请您回去把孩子和金表一块儿送到钟表铺去，修表师傅要多少钱就给他多少钱，附带的条件是让孩子在旁边看如何修理。这样，修表铺便成了课堂，修表匠成了老师，孩子成了学生，修理费成了学费，孩子的好奇心也可以得到满足了。你看呢？"

听完这话，朋友的太太恍然大悟，便飞一般地跑回家中找孩子去了。

陶行知先生的这番话确实道出了目前在家庭教育中，父母怎样无意识地扼杀了孩子可贵的好奇心。这可直接影响到一个人的创造性的形成。

其次，尊重孩子的个体差异：每个孩子天生有其不同的兴趣和爱好，强迫的学习往往使结果事倍功半。保持孩子好奇心的诀窍是大人要有童心，要换位思考。

大人对孩子的好奇心不能理解，甚至不耐烦，是因为孩子问的问题，大人早就都知道了，站在大人的角度，没什么可问的。正如作家桑姆·金丽所说："我们的眼睛变得只盯着追求的目标，以至于对眼前的玫瑰花也不惊奇。"因此，首先要解决的问题是尊重孩子的好奇心，允许他提问。

第三，要不断激发和调动孩子爱提问题的积极性。一般来讲，四五岁的儿童正是萌发好奇心、爱提问题的黄金时期，但是随着孩子年龄的增长，孩子的好奇心和爱提问题的主动性就会逐渐减退和削弱。

因此，家长平时要经常提醒孩子提问题，鼓励孩子多提问题，有时候还可以有意识地向孩子提问题。如果孩子回答不出来，就教育他说："你既然不懂，为什么不问为什么呢？"实际上就是督促孩子要勤思善问。

不要敷衍孩子，要给孩子好奇心的提问以满意的回答，如果不懂，就带孩子一起去找答案。另外，家长要学会说这样一句话："我真喜欢你爱提问题。"有时对孩子的提问，还可以不能马上提供答案，而是进一步提出一个疑问和悬念，激起他的更强的好奇心。

最后，常言道："教育者必须自己先受教育。"为了正确地回答孩子的问题，做父母的也应该注意自身的学习，以便用更多的知识来教育孩子，这也是不可忽视的。

3. 兴趣：诱发潜能的原动力

一旦孩子对某一领域产生了兴趣，他会立志于从事这一领域的工作；他会对这一领域的有关知识和能力表现得非常好学；他在从事这一领域的学习和工作时会表现得非常专注，同时也会表现得非常勤奋和刻苦；他非常热衷于探究与这一领域有关的问题，并且很希望能在这一领域有所成就。

兴趣是人的认识需要在情绪上的反映，具体表现为对某种事物或某种活动的爱好与追求。众多诺贝尔奖获得者的经历表明，所有智能方面的工作都要依赖于兴趣。如爱因斯坦、米利肯、朝永振一郎等，从小热衷于自然科学，后来都从事物理学研究；克劳、洛伦、廷伯根等，从小喜欢小动物，后来都从事动物学研究；多伊西、诺里什等，从小迷恋化学，后来都从事化学研究；艾德里安、哈特林等，从小对生理学感兴趣，后来都从事生理学研究；显克微支、萧伯纳、贝纳文特、伯尔等，从小热衷于文学，后来都走上了文学创作的道路……

第六章
培养孩子的素养

实际上，成就杰出事业的人大都在自己感兴趣的领域作出了贡献，无论是诺贝尔奖获得者，还是其他的伟人。"物竞天择，优胜劣汰"使达尔文名垂千古，但谁又能想到，惊世骇俗的《物种起源》却是达尔文兴趣的积累。当然，达尔文之所以能够取得如此巨大的成就，与他父亲的教子有方也有很大关系。"爱心的重要支点就是理解孩子。"这是老达尔文的最著名的教子格言。达尔文父亲的这句话造就了伟大的达尔文，或许也可以帮助你培养一个出色的天才。

查理士·达尔文于1809年2月12日诞生在英国的一个小城镇——希留布里一个高级知识分子家庭，祖父是英国著名的博物学家和医学家，父亲是知名学府爱丁堡大学医学院的毕业生，是当地著名的医学博士，很有名望。

童年和中学时代的达尔文对自然界有浓厚的、多方面的兴趣，常去郊野捕捉昆虫，收集鸟卵，细心观察各类生物的形态和习性。可是这一切在他父亲等人看来，却是游手好闲、不务正业，并且认为他"是一个平庸的孩子，智力远在普通人的水平之下"。

父亲渴望达尔文好好学习，当一名优秀的医生。可是，达尔文从小就不是一个人见人爱的乖孩子，而是一个人人见了都脑袋发胀的调皮鬼。他整天在自然界里，要么跑到森林深处的池塘里抓蝌蚪，要么坐在小河边望着钓鱼的人们痴痴地发呆。

达尔文喜欢喂鸽子，以至于院子里全是鸽子屎，有一次鸽子竟然拉到他父亲的头顶上。诸如此类的烦恼事情令父亲非常恼火，他多次训斥达尔文说："瞧瞧你整天干了些什么，你除了打鸟、玩狗或者挖地洞抓老鼠之外，什么也不会干！"

好素质 是这样养成的

"你成天游手好闲,东游西逛,以后怎么办?你为什么不好好学习,把我这个事业接下去呢?"

达尔文则诚挚地对父亲说:"爸爸,我对探索自然界有一种由衷的兴趣。"

老达尔文虽爱子如命,却又"恨铁不成钢",于是向多年的好友、纺织商人赫德先生求教。赫德先生知道老友的脾气过于倔强,谈话只能招来争论,便从书架上抽出一本法国幻想小说《巨人传》给他看。

老达尔文翻开书页一瞧,气得胡子都翘了起来,原来题首的词语竟然是"随心所欲,各行其是"。赫德开导他说:"您不光要用您的手和嘴去教育孩子,更重要的是用您的心去接近孩子,谛听孩子灵魂深处的声音。我的老朋友,请忘掉您的年龄,同孩子交朋友吧。"

老达尔文此时已经被孩子弄得心力交瘁和焦头烂额,便无奈地接受了老朋友的建议,决定彻底改变思路,同孩子好好交一次朋友。可是当老达尔文希望辅导孩子功课的时候,孩子却一溜烟跑得无影无踪,或者到屋檐底下掏麻雀蛋去了。这种无法无天的情景气得老达尔文把课本甩出了窗外。

老达尔文又一次硬着头皮去找赫德先生。望着老达尔文满脸恼怒的模样,赫德又开导说:"我们是做生意的,依照我们的规矩,只有倒霉的人,没有倒霉的货。教孩子也一样,没有糟糕的孩子,只有糟糕的父母。朋友,喂一只小狗小猫都得有长期的耐心,何况是培养一个活蹦乱跳的孩子。所以,为人父母,一是要有耐心,二是要有灵感。您好好想一想吧,凭您的爱心找到孩子的兴趣,然后您才能激发孩子的灵感。"

老达尔文茅塞顿开,他辞去了学校董事、医学公会秘书等待遇优厚的兼职工作,留出大量时间,同孩子待在一起。孩子喜欢动物,老达尔文就带孩子上爱丁堡动物园游览;孩子喜欢野外生活,老达尔文就带孩子到森林里野营,到河里捕鱼,甚至还同孩子一起兴致勃勃地养起了小动物。

这种努力显然没有白费,孩子对父亲的抗拒心理和逆反心理逐渐被淡化、消融了,他开始把父亲当成最可信赖的朋友。孩子的心情一天一天开朗,成绩一天一天好了起来。

1825年,达尔文顺利地完成了中学学业,并且听从父亲的忠告,子承父业,来到爱丁堡大学医学院学习。这是老达尔文一生最值得荣耀的胜利之一,因为小达尔文正在快步走向成功。

但是，达尔文极不适合学医，他一看到病人流血就恶心呕吐，也特别畏惧解剖尸体，而解剖学是医学方面最起码的专业知识。他把自己的苦恼坦诚地告诉父亲。老达尔文知道后，痛心疾首，彻夜不眠，最后眼睛红红地告诉儿子说："孩子，走你自己的路吧，我尊重你的选择。"

父亲以牺牲祖业为代价的开明感动了达尔文，他又一次听从了父亲的忠告，报考了剑桥大学神学院。老达尔文的理由极其简单：孩子读书是为了谋职，而神学院的学生特别容易找到工作，尤其是剑桥一类的名牌大学学生。

达尔文在神学院的学业同样也不优秀，但他的兴趣特别广泛，先是迷上了打猎，后来又迷上了地质和植物学，并且经常逃学去听植物学教授亨斯洛的课程和地质学教授塞奇威克的课程，以致他本人也承认说："在剑桥的三年是完全浪费了。"老父亲尽管对此特别恼火，但也对孩子的兴趣表示理解。

1831年8月，英国海军"贝格号"授命前往南美进行科学考察，主要任务是测量和绘制美洲海洋的水文地质海图。当时船上招聘一名博物学家，地质学教授亨斯洛得知这个消息以后，认为是一桩扩大眼界的好事，立刻向海军部推荐了达尔文，并且获得了海军部的批准。

可是父亲根本就不同意孩子放弃牧师职业而去干"不务正业"的事情，然而达尔文却像朋友一样推心置腹地对父亲说："我的志向是探求大自然的秘密，我愿意搏击风雨漂泊的人生，在同大自然的亲近中，我将找到终生的幸福。"父亲再一次违背自己的意愿投了儿子的赞成票，并且说："我不同意你的职业，但是我愿意尊重你的选择。"同时父亲还拿出自己的行囊，亲自替孩子收拾行李。

在后来长达五年的探险生涯中，达尔文考察了美洲数以万计的动物和植物，并且收集了17000多种标本。他发现所有的物种都随着地域的变化而变化并且表现出明显的规律性，有亲缘关系的物种总是分布在邻近的领域；而地域距离越远，那么物种的差异也就越大。1859年，他终于写出了划时代的科学巨著《物种起源》。

可见，兴趣与成功存在着密切的关系。原因其实很简单：一个人一旦对某一领域产生了浓厚的兴趣，他会为之倾注大量的时间和精力，也就最有可能在这一领域取得成就。同样，一个孩子一旦对某一领域产生浓厚的兴趣，他的智能会得到充分的发挥。兴趣能使孩子不觉得苦，忘记了累。

好素质 是这样养成的

> **知识链接**
>
> ### 《物种起源》
>
> 《物种起源》是进化论奠基人达尔文（卡尔·马克思：达尔文（1809—1882）英国博物学家）的一部巨著，全书分为十五编，前有引言和绪论。十五编的目次为：第一，家养状态下的变异；第二，自然状态下的变异；第三，生存斗争；第四，自然选择（即适者生存）；第五，变异的法则；第六，学说之疑难；第七，对自然选择学说的各种异议；第八，本能；第九，杂种性质；第十，地质记录的不完整；第十一，古生物的演替；第十二，生物的地理分布；第十三，生物的地理分布续篇；第十四，生物间的亲缘关系：形表学、胚胎学和退化器官；第十五，综述和结论。被人们称为影响人类发展进程的划时代著作。震撼世界的十本书之一。影响中国近代社会的经典译作，1985年美国《生活》杂志评为人类有史以来最佳图书。1986年法国《读书》杂志推荐的最理想藏书之一。《物种起源》的问世，第一次让生物学建立在完全科学的基础之上。彻底推翻了"神创论"和"物种不变论"。

4. 培养孩子的兴趣

　　兴趣是孩子求知的动力。每一位家长都应该培育孩子自己的、广泛的、健康的兴趣，而不应把自己的好恶强加给孩子。在此基础上，引导孩子发展最具优势的兴趣。培育孩子成功的秘诀在于尊重他们的兴趣，培养他们自己的兴趣。孩子应学的事情，决不应该变成孩子的一种负担，也不应该当做一种任务去加在他们身上。否则，他们立刻便会讨厌它；哪怕他们以前本来喜爱那件事情，或者不爱也不憎，但由于他人的强迫，他们对它都会厌恶到极点。

　　培养谁的兴趣？这是一个简单但又发人深省的问题。既然接受教育的是孩子，

第六章
培养孩子的素养

那么，应该培养的当然就是孩子自己的兴趣，而不应该是我们家长的兴趣。但许多中国家长却有这种致命的缺点。

俗语说，强扭的瓜不甜。家长培育孩子的背后，往往只是单方面"望子成龙""望女成凤"的动机，而没有考虑到孩子本身是否感兴趣，这样的教育可能就会变为孩子的沉重负担，结果是家长受累，孩子受罪。

其实，兴趣是孩子成长中能力的信号和象征，兴趣显示着最初出现的能力。当孩子对某一事物发生强烈兴趣时，他的大脑皮层一定处于高度的兴奋状态。这时候注意力集中，思维积极活跃，最容易接受外界的教育。因此，抓住这一时机对孩子进行教育，往往能取得最佳的教育效果。

相反，当孩子对你所讲的东西感到厌倦时，他的大脑皮层往往处于抑制状态。常常是你讲十句话，孩子最多能记住两三句话。因为，当一个孩子对他所学的东西感到味同嚼蜡时，他的心扉就合上了。

即使你已经使孩子对于某些事情养成了一种喜悦的心思，但是当他没有兴趣去做那些事情的时候，你也应该少叫他们去做。假如这层道理能够受到应有的注意，孩子便有充分的时间学习各种年岁所能学习的东西，而且还可以放肆地游戏。

当然，在应试教育下，每一位家长都面临两难的处境：是压抑孩子那可贵的天性——惊奇、兴趣、天才的萌芽，强迫他们收回探索的目光，目不斜视地直过独木桥；还是顺其天性，让生命之树自由成长？

前一种取向可能让孩子一直到上大学，也不知道自己的兴趣所在，高分低能，结果"小时了了，大未必然"！后一种取向又可能让孩子丧失了接受高等教育的机会，输在了起跑线上。在两难选择面前，家长们目光炯炯，直盯"独木桥"，最大程度地压缩孩子们的自由空间，其他一切，过桥再说！可是种子的萌芽是需要自由的空间和自由的选择的，而且季节不等人，春行冬令的结果只能是扼杀。

有不少的家长之所以没将自己的孩子培育成才，因为他们无意中践踏了孩子兴趣的萌芽，他们违背了"种树郭橐驼"的原则。郭橐驼以种树为业，他种的树"或移徙，无不活；且硕茂，早实以蕃"；他种的树为什么易成材呢？因为他顺应树木的天性，给它们自由发展的空间；而"爱之太殷，忧之太勤，旦视而暮抚，已去而复顾"，"虽曰爱之，其实害之"。

应该像魏尔纳·海森伯格的父母一样，培养孩子自己的而且是最具优势的

好素质是这样养成的

兴趣。

魏尔纳·海森伯格，1932年诺贝尔物理学奖获得者。1901年12月5日，海森伯格出生在德国维尔茨堡大学教职员的宿舍里。他的父亲是一位历史学权威，舅舅也是德国一流的科学家。

最初，海森伯格的父母希望儿子能继承父业，研究历史。但是海森伯格却对自然科学具有浓厚的兴趣。他从小对各种自然现象，如风雨光电都非常好奇，总想弄个明白。他曾经向父亲提出许多关于自然现象的问题，开始的时候，父亲还能应付得了，能给他满意的答复；但海森伯格提出的问题越来越深，而父亲毕竟不是自然科学家，渐渐地对许多问题解答不了了。于是，海森伯格下决心自己设法搞清楚。

海森伯格10岁那年，有一天放学以后，别的孩子都早已到家了，可是父亲一直没有等到海森伯格回家，急得只好外出寻找。直到很晚了，父亲才找到他：通过学校实验室的玻璃窗，父亲看到了孩子那圆圆的小脸。父母松了一口气，走进去一看，原来海森伯格对一种物理现象入了迷，忘记了回家。

这件事让海森伯格的父亲受到了很大的震动，终于下决心支持儿子学习自然科学，不仅在精神上给予热情的鼓励，而且在物质上也尽量为他创造条件。父母的支持给了海森伯格强大的动力，他信心更足了，学习更努力了，进步也更快了。

因此，对于家长来说，经常而细心地观察孩子的兴趣是最重要的；必须从心理学上探索孩子的能量、兴趣和习惯开始。而且，教育的各个方面都必须参照这些考虑加以掌握。因为一个忽略主体意识培养的教育，谁又能指望培育出什么天才呢？

正如古希腊的柏拉图所说："若把'强制'与'严格'训练孩子们孜孜求学的方式，改为引导兴趣为主，他们势必劲力喷涌，欲罢不能。"

但很遗憾的是，许多家长对于兴趣这个问题并不注意，而且他们也没法注意到，他们只会根据粗暴的打骂制定"独裁"的原则，丝毫没有考虑孩子的兴趣，因为他们不知道也不懂得利用兴趣的好时机。

那么，如何发展孩子积极的兴趣呢？

其一，识别孩子的兴趣爱好。 外界事物对于孩子来说，一切都是陌生的，随着年龄的增长，他们对眼前的事物，由陌生转向好奇，进而常常会动手摸一摸，

第六章 培养孩子的素养

用眼看一看，用鼻嗅一嗅，用嘴尝一尝等，力求探索其中的奥秘。对某种事物或某种活动的兴趣越浓，孩子的这种追求越明显。

因而，家长应从孩子的活动中，识别其兴趣、爱好，帮助孩子选择奋斗的方向。例如，有些孩子一听到音乐，就自然地打起拍子或随音乐节拍晃动等，这说明孩子对音乐产生了浓厚的兴趣，家长可引导孩子学习一些简单的音乐基础知识或送幼儿入音乐学习班，进行音乐理论和技能的学习。鲁迅先生的儿子，所以不搞文学而学习物理，也是根据他自己的兴趣发展的。

所以，一旦发现自己孩子对某一方面产生了兴趣，家长首先要审视孩子的兴趣是否健康，如果答案是肯定的，就要帮助孩子发展这一兴趣。或许，这就是孩子将来获得成功的最佳道路呢！如果孩子没有任何一种兴趣，要帮助他们培养出某种健康、有益的兴趣。

其二，采取循序渐进的教育方法，由浅入深地培养兴趣。家长在发现了孩子的某些兴趣以后，要精心安排教育的方法，在发展兴趣的同时，要按照循序渐进的教育规律实施，合理地安排孩子的学习任务。如孩子对语言简练、形象生动、活泼有趣的故事感兴趣，家长可根据孩子现有的水平制定由浅入深、由易到难的学习内容，让幼儿通过富有兴趣的学习，获得知识、发展智力。

其三，发现不良兴趣并善于迁移兴趣。在培养孩子的兴趣时，一方面要考察孩子的兴趣是否健康、有益；另一方面，有的孩子可能由于对他所感兴趣的领域用心太专而

好素质 是这样养成的

荒废了学业，或是由于对他所感兴趣的学科用心太专而造成偏科等问题，这些都需要家长采取正确的方法帮助孩子进行合理的调节。在这个问题上，康拉德·洛伦兹的父亲给我们提供了一个很好的教育模式。

康拉德·洛伦兹，1973年诺贝尔生理学奖获得者。1903年11月7日，洛伦兹出生于奥地利的维也纳。他的父亲是一个很著名的正骨科医生。

洛伦兹从小就对家中鹅、鸭之类的小动物感兴趣，最爱盯着这些小家伙看，父亲觉得有些不可思议，他希望儿子将来能继承自己的事业，也做一名受人尊敬的医生，可洛伦兹却对动物特别感兴趣。

一天，小洛伦兹又在呆呆地看着院子里的鸭子，而且一看就是几个小时。父亲有些不满意了，便劝告儿子："洛伦兹，你不能总是对这些小动物感兴趣，你应该像爸爸一样去学医，将来也做一名医生。""不，爸爸，我确实是对这些小家伙敢兴趣，我想研究动物也是门挺有趣的学问。"小洛伦兹一本正经地回答。

"孩子，不要只顾着有趣，我看你还是学聪明点儿，听爸爸的话去学医吧！"老洛伦兹拍着儿子的头劝告小洛伦兹。

"那么，爸爸，我问您，为什么小鸭子才孵出不久，它们就能够认自己的母亲，也很容易找到自己的同伴呢？"小洛伦兹歪着脑袋问父亲。

"这！这……这的确算是个问题。好，爸爸依你，对你研究这些小动物我支持，不过你也得答应我去学医。"父亲向儿子作了让步。

"行，一言为定。"

您能像洛伦兹的父亲一样对待孩子的兴趣吗？只要孩子的兴趣是健康的，就

第六章
培养孩子的素养

要帮助孩子发展他的兴趣。因为孩子不但很有希望在他所感兴趣的领域取得成绩，他还会从中获得无穷的乐趣，使他拥有富有意义、充满快乐的童年。

其四，发展孩子多方面的兴趣，不要求过早定向。谁都希望有个全面发展的孩子。孩子的某种兴趣得到发展，这只是单方面的教育，还应帮助孩子发展较广泛的兴趣。因为广泛的兴趣培养，能使孩子获得全面、广博的知识。只有单一的学科和兴趣是不能适应当今科技的发展的。所以家长在培养孩子的某种兴趣的同时，还要培养孩子广泛的兴趣，获得全面的知识。

孩子的兴趣不是先天的，他们来到世上，由于父母、家庭和周围环境的影响，有的在3岁左右就开始对画画或音乐产生兴趣，特别是进幼儿园以后，在老师的诱导下，出现了第一次飞跃。最先使孩子感到兴趣的是画图、唱歌和表演，当然都是模仿性的，形象化的。待上了小学，只要引导得好，很快又会上一个台阶。

兴趣是可以唤起的，当孩子能听懂大人讲话起，常常看到妈妈教一首儿歌或一首唐诗，孩子就奶声奶气地跟着念，还能背出来，有的甚至还能配上动作表演。钢琴、电子琴、手风琴都可以从幼儿期唤起兴趣，不是要孩子很小就弹到什么水平，而是唤起他们对各种乐器的兴趣。画画、下棋更是如此。

爸爸妈妈只要做有心人，为孩子们提供一些条件，准备一些简单的器具，多给孩子讲故事，讲自己的见闻，多与孩子一起玩，您在多方面作引导，孩子多种学习兴趣就会逐渐培养发展起来。

兴趣也是可以迁移的，唤起孩子的兴趣不能过早定向，也不可能在一个短时

好素质 是这样养成的

间内培养起多种兴趣。培养任何一种兴趣爱好都有一个逐步发展的过程，往往有了一种兴趣，还会逐步迁移到另一种爱好上去。

孩子小时候先是喜欢听故事，总是不厌其烦地要求爸爸妈妈讲故事，一个不够，再讲一个，慢慢地他们自己也学着讲故事，甚至还学着自己来编故事。由听故事又会迁移到给故事配画，慢慢地对画画产生兴趣了。常常是爸爸喜欢动手装什么、修理什么，孩子也一起来学习装装拆拆……一种爱好会引发而产生为多种兴趣爱好。

从小培育孩子各种兴趣爱好实际上是一种早期的智力开发，家长们在培养孩子的兴趣爱好上舍得花时间、花精力是最好的，也是最重要的智力投资。这样做，将使孩子们更加聪明，更有利于孩子接受基础教育。

现在实行双休日，孩子课余的时间多了，唤起孩子学习的兴趣成了迫切的需要。从时间上说，培养和发展孩子各种学习的兴趣更有了可能。愿天下父母都做有心人，唤起孩子的学习兴趣。

最后，设法巩固良好兴趣，引导孩子最具优势的兴趣。成功心理学的理论告诉我们，判断一个人是否成功，最主要看他是否最大限度地发挥了自己的优势。同理，一个孩子能否成才，最主要的是看他能否在自己最具优势的兴趣上发展。所谓"最具优势的兴趣"，就是在这一领域，不但孩子最感兴趣，而且在这方面孩子最有优势。

有一个寓言故事是这样讲的：森林里的动物为了不再被人类射杀，开办了一所学校。学生中有小野鸭、小鸟、小兔、小山羊、小松鼠等，学校为它们开设了跑步、游泳、登山、爬树和飞行等五门课程。

第一天上跑步课，小兔不但对跑步感兴趣，而且非常有优势。因此，小兔兴奋地绕操场跑了一圈。而其它几个小动物呢？因为跑步不是它们最具优势的，有的可能有兴趣，但缺少跑步的体质，所以，不是愁眉苦脸，就是苦不堪言。放学后，小兔回到家对妈妈说："我能永远保持第一，跑步是我最具优势的兴趣。这个学校太棒了！"

第二天，小兔蹦蹦跳跳地来到学校。上课时老师宣布，今天上游泳课。只见小野鸭兴奋地跳到水里，愉快地游着。其他的小动物全傻眼了，小兔虽然有兴趣一试，但因为它不具游泳的优势，所以吃尽了苦头。

接下来，学校里的每一天课程，小动物们总有最具优势的兴趣和不具优势的。于是，小动物们不停向自己的父母抱怨。不久，动物学校就解散了，小动物们各自回家学本事。

这个寓言故事向我们诠释了一个通俗的哲理：要想获得生存的本领，就应立足在自己最具优势的兴趣上。诺贝尔奖获得者之所以获得杰出成就，除了超凡的智力与努力之外，最关键的一环就在于他们紧紧地把握了自己最具优势的兴趣。例如爱因斯坦，数学和物理都是他所感兴趣的，但他的思考方式偏向直觉，所以他选择了理论物理作为自己的发展方向。

诺贝尔奖获得者的成功事实向我们证明：对孩子的兴趣要"顺势而为"，切莫强迫孩子学习与其爱好、兴趣、特长"背道而驰"的领域，否则，无疑是在让小兔学游泳，即使耗费了九牛二虎之力，也难以补拙。

知识链接

柏拉图（公元前427—公元前347)，古希腊伟大的哲学家，也是全部西方哲学乃至整个西方文化最伟大的哲学家和思想家之一。柏拉图是西方客观唯心主义的创始人，其哲学体系博大精深，对其教学思想影响尤甚。他和老师苏格拉底，学生亚里士多德并称为"希腊三贤"。其创造或发展的概念包括：柏拉图思想、柏拉图主义、柏拉图式爱情等。柏拉图的主要作品为有《伊壁鸠鲁篇》《苏格拉底的申辩》《克力同篇》《斐多篇》《克堤拉斯篇》《泰阿泰德篇》《智士篇》《政治家篇》《巴曼尼得斯篇》《菲力帕斯篇》《飨宴篇》《斐德罗篇》《阿奇拜得篇之一》《阿奇拜得篇之二》《高尔吉亚篇》《智者篇》《政治家篇》《斐利布斯篇》《法律篇》《理想国》《苏格拉底之死》等40多部。

5. 激发孩子学习的兴趣

托尔斯泰曾经说过:"成功的教育,所需的不是强制,而是激发孩子学习的兴趣。"努力激发培养孩子的学习兴趣,使孩子享受学习的乐趣,是减轻孩子课业负担提高学习能力的有效途径。

很多孩子都有这样的情景:玩起来神气活现,一学习就没精打采。这些孩子似乎对学习毫无兴趣,讨厌做功课。

海因里希·维兰特,1927年诺贝尔化学奖获得者。小维兰特的爸爸特奥多尔是一位化学家。小维兰特很崇拜他,很希望自己快快长大,也当一位化学家,像爸爸一样了不起。虽然他还是个孩子,可他知道的化学知识却不少,爸爸满满一书房的书,他一有空就溜进去看,书柜下面几排是爸爸特意整理出来给他看的书。书房里井井有条,窗明几净,小维兰特总喜欢安安静静地坐在窗前的小沙发上看书。他把不懂的地方画出来问爸爸。他真想一下子就把所有的书看完。那样他就马上成为科学家了!爸爸总是笑他天真,不过很高兴看到小维兰特认真读书的样子。他耐心地对小维兰特说:"孩子,你应该一步一步来,这么多书你要慢慢地读。不是读过就可以了,还应该懂得这些知识的应用才行。就像吃饭一样,要一口一口地吃,才能慢慢地消化吸收。这样学习的东西才会变成你的,懂了吗?"小维兰特听罢,点了点头。爸爸高兴地一把抱起小维兰特:"好孩子,你一定能行的,好好努力吧。"小维兰特记住了爸爸的话,学习起来既勤奋又扎实,为他以后从事化学研究打下了坚实的知识基础。

孩子如果对学习没兴趣,要想学习取得好成绩是很难的。家长朋友,您一定不会放任孩子在学习上的"无兴趣",那么,该如何办呢?是采取强制,还是采取的人性激发呢?

以下措施可以帮助提高孩子的学习兴趣:

第一，把书桌变成孩子感兴趣的地方。孩子每天都要学习做功课，有条件的，可以给孩子准备书房；没有条件的，也需要有一个好的环境，起码一张孩子自己的书桌是必不可少。也许很少有父母意识到书桌与学习兴趣之间有什么关系，可实际上，由于每天的学习活动是与书桌联系在一起的，把书桌变成孩子感兴趣的地方，就会使孩子对经常在书桌上进行的学习活动感到兴趣。

因此，书桌要整洁，抽屉里要备有做各门功课所需的工具：剪刀、裁纸刀、胶水、颜料、水彩笔、白纸等，桌上摆放铅笔、圆珠笔、钢笔和彩笔的笔筒，这样当他需要时，立刻就能找到，不会因为缺少某种工具而中断作业，心生烦躁。书桌美观舒适，孩子一有时间就会坐到这里开始他的学习活动。

第二，每次学习时间不宜过长。当前的家长对孩子的期望普遍过高，他们希望孩子学习、学习、再学习。而且，只要孩子端坐在书桌前，不管其效率如何，父母就感到欣慰，因而总是催促孩子"坐好，开始学习"。殊不知，这种做法很危险。无视孩子的心理特点，任意延长学习时间的做法会使孩子把学习和游戏对立起来，厌恶学习，对学习没有兴趣，还会养成"磨蹭"、注意力不集中的坏习惯。因此，家长切莫目光短浅，舍本逐末，不能忘记培养孩子的学习兴趣才是头等大事。日本学者认为小学阶段学习时间以"年级×10分钟"（即一年级学习10分钟，二年级学习20分钟，依次类推）为宜，孩子做完功课就可以玩。

第三，让孩子的学习变得有趣。学习活动相对与游戏活动而言，比较单调、枯燥，孩子喜欢玩而不喜欢学习这是正常的，有些家长习惯于机械重复的方法，要求孩子一遍一遍地抄生字、10道题、20道题地算算术。这种辅导方法，效果不好，还会滋生孩子的厌学情绪。

第四，鼓励孩子获得学习的成功。如果孩子在学习上屡屡失败，尽遭批评、嘲讽，那么，想让孩子对学习有兴趣几乎是不可能的。相

好素质是这样养成的

反，如果家长多鼓励，看到孩子的进步，对孩子不提过高的要求，让孩子获得成功，体验到成功的快乐，孩子就会对学习有兴趣。比如，当孩子刚学会拼音和常用汉字后，可让他们给外地的亲戚朋友写封信，还应请求远方的亲人抽空给孩子回信，让他们尝到学习的甜头，这样能培养孩子的学习兴趣。

第五，倾听并与孩子谈论学习生活。 初入学的孩子对学校的一切都感到新奇、有趣，他们回到家会兴致勃勃地向父母讲述学校的学习生活，这对培养他们的学习兴趣是很重要的。有些厌学的孩子偶尔也会谈到学习，这正是了解孩子学习情况的好机会，家长要有意地提一些问题，启发孩子思考和回答。

知识链接

托尔斯泰

列夫·尼古拉耶维奇·托尔斯泰（1828—1910），19世纪中期俄国批判现实主义作家、思想家、哲学家。

托尔斯泰出生于贵族家庭，1840年入喀山大学，1847年退学回故乡在自己领地上作改革农奴制的尝试。1851—1854年在高加索军队中服役并开始写作。1863—1869年，托尔斯泰创作了长篇历史小说《战争与和平》。1873—1877年，完成巨著《安娜·卡列尼娜》。19世纪70年代末，托尔斯泰的世界观发生巨变，写成《忏悔录》（1879—1882）。19世纪80年代创作：剧本《黑暗的势力》（1886）、《教育的果实》（1891），中篇小说《魔鬼》（1911）、《伊凡·伊里奇之死》1886）、《克莱采奏鸣曲》（1891）、《哈泽·穆拉特》（1886—1904）；短篇小说《舞会之后》（1903）。1889—1899年创作的长篇小说《复活》是他长期思想、艺术探索成熟的结晶。托尔斯泰晚年生活简朴，1910年11月7日病逝，享年82岁。

6. 培养孩子探索的综合能力

学习正是一个不断探索的过程，因此，培育孩子及早掌握探索之道显得异常重要。孩子越早掌握，掌握得越好，对他们智力的发展、学习的提高就更加有利。

一般来说，未经过早期培养的孩子要到14岁以后才能较正确地完成整个探索过程，而经过培养的诺贝尔天才一般在6~7岁就能较好地完成了。下面先来看看罗伯特·米利肯（1923年诺贝尔物理学奖获得者）的一个小故事，使我们从中有所启迪。

有一次，小米利肯倒了一杯开水，由于水太热，他就找来了一个勺子不停地搅动，以便水快点凉下来好饮用。过了一会儿，水可以饮用了，可正当他把嘴唇贴近杯子的一刹那，他突然发现好端端的勺子变弯了。

小米利肯心想："怎么回事，难道是我用力太大，折弯了勺子？"于是，他取出勺子看了看，"勺子没有折弯呀，难道是我的眼睛看错了？"他反复几次把勺子放入杯里再拿出来，发现勺子一放进水里就折弯了，一拿出来就恢复原样。这是怎么回事呢？小米利肯百思不得其解。忽然，他想起了老师经常提起的那句话："同学们，你们要留心观察生活现象，学会用有关的物理知识进行解答。"于是，他连忙找来物理课本，一页一页地查寻，终于在光学部分圆满地找到了答案——光的折射。

探索的过程是不断的发现问题和解决问题的过程。这个过程的完成一般可分为四步。

第一步，在动机兴趣指导下发现问题。 发现问题是探索的第一步，幼稚期的孩子好奇心强，对事物有广泛的兴趣。他们常会提出各种各样的问题，这可以看作是孩子发现问题的一个方面。但这样发现的问题带有随意性或是兴趣使然，因而常常是一些不含逻辑式的，或超出孩子理解能力范畴的问题。

好素质是这样养成的

因此，各位家长朋友要根据孩子的提问内容和方式加以引导，把他们发现问题的方向引导到与目前学习有关的方向，让他们发现问题的范围有一定的目的性。这样对他们有效促进其能力的发展很有益处，使他们的问题在广博之中有所专注。

指导孩子发现问题一般是先直接提出问题，但只是为孩子指出发现问题的方向——应该从什么角度去发现问题，去发现什么样的问题。假如在孩子在观察杯中的筷子时说："你看水中的筷子与平时的筷子有什么不同呀？"在家长这样的提示下，孩子就会逐渐明白应该怎样在生活、学习中发现问题，而不至于经常提出一些令人啼笑皆非的问题。等孩子有了一定的基础以后，家长可以把问题摆在孩子面前让他们自己发现。

第二步，明确问题的性质和本质。明确问题的性质与本质是指真正理解了问题，知道自己发现了什么问题，要解决什么问题，并初步确定探索的方向。这个过程包括以下几个方面的内容：问题出在哪里？要解决哪些问题？没出问题时是什么样的状况？以前解决过类似的问题吗？需要利用什么手段和工具吗？靠自己的能力能完成吗？第一步是应如何着手呢？

在这一步，家长应从各个方面为孩子提示，引导他们逐步学会应怎样明确问题的实质。由于幼稚期的孩子知识水平有限，对一些问题常不能确切地了解，因而常会出现连自己都不清楚自己问了什么问题，或自己想问什么问题。因此，培养孩子明确问题的实质是十分重要的。

第三步，提出解决问题方向的假设。提出假设是在明确问题的基础上，提出可能的解决问题的方案。可以说，这才是探索的开始。这种方案的提出不是毫无根据的乱想，而是有一定理论或实践依据的。在小米利肯的例子中，他发现勺子在水中变弯了以后，知道到物理书上寻找答案，这就是一个解决问题的很好假设。

培养孩子提出解决问题的假设是一件十分困难的事情，因为幼稚期的孩子知识水平有限，经验不足，抽象逻辑思维能力尚不发达，在这样的基础上，发展属于高级智力活动的假设思维活动是不容易的，但并非是不可能。事实证明，只要培养得法，孩子也能够正确提出解决问题的假设的。

发展孩子提出解决问题的假设的能力，可以从以下几方面入手：家长首先应针对问题提示孩子："你认为应怎样解决这个问题呢？"接下来，为孩子提出一些可供选择的假设方向："是否可以从某某角度试一试呢？"最后，为孩子提出一些可供选择的假设："用某某方法解决怎么样，如果不行的话，可以用某某方法吗？"

在帮助孩子如何提出假设的过程中，家长可以为孩子提供过去的经验以及他们掌握的有关知识，这样可以引导他们提出尽可能正确的假设。但最好不要直接告诉孩子到什么地方找答案，这样极不利孩子探索能力的发展。

第四步，验证假设。让孩子学会验证假设，这一步是探索的核心。家长一定要培养孩子养成验证假设的好习惯。在这个阶段，家长要协助孩子搜集解决问题的资料，尽可能提供发展的依据；引导孩子仔细查这些资料，从而得出应有的结论；引导孩子用分析思维去证实结论，对假设或答案从理论和实践上进行检验、补充和修正，最后使问题得到解决。

7. 专注：成功的基石

一个人学习，决不能一心二用，采取走马观花的态度，什么都想做，什么事又都不集中精力去做，结果只能是一事无成。只有一心一意地对待自己所做的每一件事，即踏着专注这一基石，一步一步地不懈地向着目标迈进，最终会到达成功的彼岸。

好素质是这样养成的

居里夫人从小就酷爱读书,常常一看就是几个小时。有一次,她被一本书深深吸引了,它的姐妹们便搞了个恶作剧,紧靠着她的身边摞起一堆椅子,一不小心,稍有震动便会倒塌。可是过了几个小时后,她们来看好戏时,发现那堆椅子仍然没有倒塌,而小玛丽仍在聚精会神地读书。

在爱因斯坦25岁生日那天,他的朋友给他买了点鱼籽作礼物。爱因斯坦一边吃,一边与朋友兴致勃勃地谈论问题。当他把鱼籽都吃完时,朋友们问他:"你知道你吃的是什么吗?"爱因斯坦一时语塞,他只全神贯注地与朋友讨论有趣的问题,竟然忘记了自己一勺勺送到嘴里的是什么食物。像这类专注的事爱因斯坦还有很多。

家长朋友,您的孩子专注及坚持的心志够不够强呢?这种品质是成功的重要因素。古今中外,成功者之所以很少,不在于缺少有才华或有能力的人,只在于肯专心一意、坚持到底的人太少了!

孔子带着一群学生在凉亭休息,看到一个老人拿着涂有树脂的竹竿在捉蝉,他的技巧非常好,百发百中,简直出神入化。孔子问老人:"您捉蝉的本领真高明,有没有什么秘诀呢?"

老人笑笑说:"蝉是很机警的昆虫,一有动静就会飞走。因此要先练拿竹竿时能纹风不动,甚至在竹竿上放两粒弹珠也不会掉下来,就可以开始捉蝉了。如果练到放五粒弹珠不掉下来,捉蝉就像伸手拿东西一样容易。所以我捉蝉的时候,专心一意,天地万物都不能扰乱我的身心,眼睛看到的只有蝉的翅膀。能够练到这个地步,还怕捉不到蝉吗?"

孔子听了,频频点头,转身对弟子们说:"听明白了吗?只有锲而不舍、专心一意,才能把本领练到出神入化。"

荀子说过这样的话:"蚓无爪牙之利,筋骨之强,上食埃土,下饮黄泉,用心一也。"一句话道出了专注的重要性:无论做什么事,要想取得成功,必须以专注为基石。可见专注是成功的基石。

第六章
培养孩子的素养

专注是学习必不可少的条件，但凡成才的人，无论是学习，还是工作，都能专注。古语讲得好："心不在焉，视而不见，听而不闻，食而不知其味。"有了这样一份专注劲儿，什么东西学不好，什么事情学不成，这样的孩子都是大有出息的孩子！

所谓专注，就是把意识集中在某个特定的目标上的行为，并要一直集中到已经找出实现这个目标的方法，而且成功地将之付诸实际行动为止。在这里，重点指孩子把全部意识集中到某个特定的兴趣上，并把这种行为一直集中到能够彻底解决这个问题为止。具有专注精神的孩子，为了满足学习的欲望，能不断要求、提高自己，这对孩子的一生是非常重要的。

然而，生活中，很多人对什么事都想学，学习时，又都不专心、深入地刻苦钻研，结果弄得一事无成。曾经有这样一个故事：弈秋是我国古代的一位棋艺大师，有两个年轻人同时向他学艺，弈秋讲课时，一个年轻人聚精会神，专心听讲；另一个年轻人则不时被天空飞过的大雁所吸引，望着大雁浮想联翩。当学习结束时，专心学习的年轻人成了一位棋艺名家，而另一个则一无所获。

一旦学得专注起来，孩子的一生会从中受益无穷。著名教育家蔡元培曾说过："唯有专心致志，把心力集中在学问上，才能事半功倍。"缺少专注精神，即使立下凌云壮志，也决不能成就大事。进入专注境界，乃是人才成功的重要因素之一。

可以说，诺贝尔奖获得者的成功的奥秘——聚精会神，集中所有的力量以完成不论大小的每一件工作。那么，如何引导孩子进入专注境界的？

第一，有兴趣才能专注。对某一事物的兴趣和热爱，是促使精力集中的内在动力，往往可以决定一个人一生的命运。因此，培养孩子热情、专注的个性品质，要和孩子的兴趣爱好结合起来。对于孩子正当的兴趣爱好，家长不宜过多地干涉，关键是在于引导，甚至可以有意识地发展孩子对某一事物的兴趣爱好。达尔文正是由于小时候迷恋植物和昆虫，促使他一生为生物学的研究而努力。这样的事例对我们今天做家长的也是不无启发的。

好素质 是这样养成的

肯尼迪·约瑟夫·阿罗（1972年诺贝尔物理学奖获得者）从小就是个聪明好学、爱动脑筋的孩子，各门功课他都很喜欢，尤其痴迷数学。小阿罗上课异常专注，给老师们留下了深刻的印象。有一天，下课了，小阿罗还在全神贯注地做数学题。数学老师走到小阿罗的座位旁，关切地问道："阿罗，怎么下课了不和同学们一道去玩呀？出去玩玩吧，松弛一下，精力会更充沛的。"

小阿罗连忙抬起头，一见是老师，便站起身说："老师，我觉得做数学题也是一种游戏。在推导运算的过程中，我总感到一种乐趣。"

丁肇中博士也曾说过："任何科学研究，最重要的要看对于自己从事的工作有没有兴趣。一个人的兴趣一旦巩固下来，就会使人废寝忘食地进入专注境界。"

第二，有一定的意志和毅力。一定的意志和毅力，是促使注意力集中、持久的力量和保证。要培养孩子专注的能力和习惯，关键是要加强孩子意志和毅力的培养，并且使两者有机地结合起来。因为专注是需要意志努力的注意，意志、自制力在专心致志过程中起着重要的作用。

懂得这个道理，然而要做到有恒心、有毅力，终身持之以恒地从事一项事业，却并不容易。首先要有热爱这项事业的强烈的进取心。居里夫人提炼出镭元素，第一次获得诺贝尔奖后，并没有沾沾自喜，而是继续悉心研究放射现象，终于成为唯一获得两次诺贝尔奖的女性；而"数学王子"高斯和"物理巨人"牛顿却恰恰相反，他们早年为科学研究作出巨大贡献，而后半生却冷淡了对科学的研究和追求，甚至压制青年科学家，成为科学发展的绊脚石。其次，还要有不怕挫折，要有锲而不舍地向着成功奋进的勇气。因为，任何事业都不可能一帆风顺，只有锲而不舍，才能"金石可镂"。

彼得·塞曼，1972年诺贝尔经济学奖获得者，小时候家里很穷，却异常好学习。一天夜里，风雨大作，母亲知道小塞曼肯定还在学习，生怕他着凉，便拿了一件衣服给他送去。小塞曼正俯在桌上演算习题，一会儿写写画画，一会儿又拖腮沉思，竟然没有察觉屋顶漏下的雨水滴在他的背上，已将他的衣服洇湿了一大片。塞曼正是靠着这种专注忘我的学习劲头，在各门功课上都取得了优异的成绩。他又是靠这种锲而不舍、百折不挠的精神在科学的道路上不断探索、前进。

第三，有目标才能专注。没有目标，专注无从谈起。索尔·贝娄（1976年诺贝尔文学奖获得者）从小立志成为一个大文学家，为了使描写的自然景物非常生动、真实准确，于是便经常注意观察自然界中的各种事物。有一次，小贝娄由于长时间在一个水果摊旁边观察买水果的顾客，以至摊主把他怀疑成小偷。

一个人立志成才，就得结合自己的实际情况确定主攻方向（目标）。目标太低，鼓舞不大；若太高，又不能靠"反馈"（成果）来进行自我鼓励，久之便会心灰意懒。唯有选定恰当的目标，才有奔头，使孩子容易进入专注境界。

知识链接

蔡元培

蔡元培（1868—1940），字鹤卿，浙江绍兴山阴县（今浙江绍兴）人，原籍浙江诸暨。革命家、教育家、政治家。民主进步人士，国民党中央执委、国民政府委员兼监察院院长。中华民国首任教育总长。

1916年至1927年任北京大学校长，革新北大开"学术"与"自由"之风；1920年至1930年，同时兼任中法大学校长。早年参加反清朝帝制的斗争，民国初年主持制定了中国近代高等教育的第一个法令——《大学令》。北伐时期，他主持教育行政委员会、筹设中华民国大学院及中央研究院，主导教育及学术体制改革。1927年参与发起"护国救党运动"。1928年至1940年任中央研究院院长。数度赴德国和法国留学、考察，研究哲学、文学、美学、心理学和文化史，为他致力于改革封建教育奠定思想理论基础。1940年3月5日在香港病逝。

8. 勤奋是永恒的学习秘诀

"勤奋"是永恒的学习秘诀。荀子在《劝学篇》中就曾这样论述勤与学的关系："骐骥一跃，不能十步，驽马十驾，功在不舍；锲而舍之，朽木不折，锲而不舍，金石可镂。"勤奋的人，不一定都能领略成功的喜悦，但他们的心灵却比

好素质 是这样养成的

任何人都充实。这一点正如临川先生所写到的："然力足以至焉，于人为可讥，而在己为有悔；尽吾志也而不能至者，可以无悔矣，其孰能讥之乎？"

有这样一个故事：很久很久以前，有一个养蚌人，他想培养一颗世界上最大最美的珍珠。于是，到海边沙滩上挑选沙子，问沙子愿不愿意变成珍珠。那些沙粒在听完了变成珍珠的过程后，一粒一粒都摇头说不愿意。养蚌的人从清晨问到黄昏，他都快要绝望了。就在这时，有一粒细小的沙粒答应了他。旁边的沙粒都嘲笑那粒沙粒，说它太傻，甘心到蚌壳里住，远离亲人朋友，见不到阳光、雨露、明月、清风，甚至还缺少空气，只能与黑暗、潮湿、寒冷、孤寂为伍，不值得。可那颗沙粒还是无怨无悔地随着养蚌人去了。斗转星移，几年过去了，那些曾经嘲笑它的伙伴们，依然是一堆沙粒，静静地躺在沙滩上，有的甚至已经风化成土。而那颗沙粒已经长成一颗晶莹剔透、价值连城的珍珠，镶嵌在女王的王冠上，熠熠生辉。

伟大与平凡的区别在于是否勇于挑战。沙子与珍珠的区别在于你是否耐得住煎熬与寂寞，是否有矢志不渝的坚定信念与美好的愿望与梦想。所以说，要想学有所成，还是要勤奋刻苦才行。